PhD Michele Lopes

PROPÓSITO
OU MISSÃO?
EIS A QUESTÃO

Descubra o
sentido de vi

Literare Books
INTERNATIONAL
BRASIL · EUROPA · USA · JAPÃO

© LITERARE BOOKS INTERNATIONAL LTDA, **2024.**
Todos os direitos desta edição são reservados à Literare Books International Ltda.

PRESIDENTE
Mauricio Sita

VICE-PRESIDENTE
Alessandra Ksenhuck

CHIEF PRODUCT OFFICER
Julyana Rosa

CHIEF SALES OFFICER
Claudia Pires

DIRETORA DE PROJETOS
Gleide Santos

CONSULTORA DE PROJETOS
Amanda Leite

EDITOR
Luis Gustavo da Silva Barboza

CAPA
Klebesson Manoel dos Santos Dantas

PROJETO GRÁFICO E DIAGRAMAÇÃO
Candido Ferreira

PREPARAÇÃO E REVISÃO
Rodrigo Rainho e Débora Zacharias

IMPRESSÃO
Paym

Dados Internacionais de Catalogação na Publicação (CIP)
(eDOC BRASIL, Belo Horizonte/MG)

L864p Lopes, Michele.
Propósito ou missão? Eis a questão / Michele Lopes. – São Paulo, SP: Literare Books International, 2024.
208 p. : il. ; 16 x 23 cm

ISBN 978-65-5922-734-1

1. Religião. 2. Evangelismo. 3. Missão. I. Título.
CDD 253

Elaborado por Maurício Amormino Júnior – CRB6/2422

LITERARE BOOKS INTERNATIONAL LTDA.
Rua Alameda dos Guatás, 102
Vila da Saúde — São Paulo, SP. CEP 04053-040
+55 11 2659-0968 | www.literarebooks.com.br
contato@literarebooks.com.br

MISTO
Papel produzido a partir
de fontes responsáveis
FSC® C133282

SUMÁRIO

DEDICATÓRIAS | 5
PREFÁCIO | 11
CAPÍTULO 1 Por que viver? | 13
CAPÍTULO 2 A importância do propósito | 37
CAPÍTULO 3 A diferença de propósito x missão | 51
CAPÍTULO 4 Impedimentos que o distanciaram do propósito | 65
CAPÍTULO 5 Propósito e espiritualidade | 87
CAPÍTULO 6 A grande descoberta | 115
CAPÍTULO 7 Vivendo o propósito na prática | 137
CAPÍTULO 8 Histórias com propósito | 157
CAPÍTULO 9 Concretização e execução do propósito | 187

CARTA AO LEITOR | 207

DEDICATÓRIAS

A Dra. Michele Lopes foi minha professora na formação em *coaching*, consultora do grupo de empresas no qual sou CEO aqui nos Estados Unidos e minha mentora pessoal em vários momentos.

Com um propósito claro de direcionar outros profissionais a descobrirem seu próprio propósito, e a alcançarem resultados excelentes, ela mistura firmeza, determinação e um ultrafoco admirável ao desempenhar qualquer função, e faz isso com maestria.

Tenho certeza que essa obra irá inspirar você a encontrar o seu propósito ou sua missão na vida com muita clareza e assertividade, características que a Dra. Michele esbanja por conhecimento e experiência.

Recomendo a leitura!

Simone Salgado
CEO S. Group Investments

▷▷▷

Tendo sido orientador da Michele Lopes no seu curso de doutorado, tive o prazer de perceber a sua capacidade intelectual para transformar suas inquietudes como pesquisadora em uma obra de impacto no mundo das relações profissionais. Agora, neste novo trabalho, vejo que o seu brilho se expandiu para a maravilha do viver e para a importância de identificarmos o nosso propósito nessa jornada. Dentro do propósito de Deus, todos nós fomos presenteados com talentos específicos. Parabéns por você se dedicar a explorar o propósito dos seus por meio deste maravilhoso livro.

Sérgio Paulo Behnken, PhD.
Academic Affairs Coordinator – FCU

▷▷▷

O motivo da minha recomendação é o fato de conhecer a autora, uma pessoa extraordinária, de caráter indiscutível, temente a Deus, dedicada à sua família e em tudo o que faz, com excelência e dedicação. Dra. Michele Lopes sempre foi uma fantástica profissional e ensina o que vive no dia a dia, ou seja, possui uma vida com propósito definido. Portanto, leia o livro e você descobrirá o que eu quis dizer. Meu carinho, meu apreço e minhas felicitações à escritora.

Pr. Cyllas Marins
Igreja do Nazareno Central de Americana-SP

▷▷▷

Eu sempre soube da filosofia de vida da Dra. Michele Lopes na crença de que cada indivíduo possui um potencial ainda inexplorado, e que deseja levar uma vida com propósito. Mas, ao participar de *workshops* e treinamentos com ela, vivi experiências singulares sobre meu autoconhecimento, das quais me ensinaram a ter ações e pensamentos positivos no meu processo de transformação e também da minha família.

A metodologia por ela usada faz com que as mudanças sejam duradouras. A sua abordagem ensina a viver com intenção e realização. Estou segura de que este livro trará essa abordagem e, ao lê-lo, você será incentivado a refletir sobre seu próprio propósito, a embarcar em sua busca por significado e a abraçar o poder transformador de uma vida vivida em plenitude.

Michele continua a inspirar e elevar aqueles que toca por conta de seu trabalho.

Celia Almeida
Director, Americas and Brazil Shared Services
Human Resources - Iochpe Maxion S.A.

▷▷▷

Falar sobre a Dra. Michele Lopes é um grande privilégio. Tive a oportunidade de caminhar alguns anos com ela e de receber grandes aprendizados para minha vida pessoal e ministerial.

Com a Dra. Michele Lopes, fiz formação de *coaching*, *master coaching*, formação em *mentoring* e o *(Re)significar*. Foram cursos que me trouxeram grande capacitação para a realização do meu ministério junto às famílias pastorais.

Parabéns, querida Michele, por mais este trabalho precioso que você coloca em nossas mãos. Com certeza, todos que lerem *Propósito ou missão? Eis a questão* receberão um vasto subsídio para descobrirem o propósito para o qual vieram ao mundo e cumprirão com entusiasmo e com êxito as suas missões nos pilares de suas vidas.

Carmem Lúcia Martins Lopes
Diretora-executiva da Associação Apascentar

▷▷▷

Na minha vida, poucas pessoas estabeleceram uma conexão tão profunda, unindo amizade e sabedoria, para guiar o meu desenvolvimento e a minha evolução como ser humano. Você superou o papel de mentora, tornando-se amiga e irmã de alma. Sua dedicação e empenho, que foram além das expectativas, são incomparáveis, visando sempre a excelência. Sinto-me privilegiada por ser uma de suas mentoradas. Agradeço a Deus pela sua existência e influência para eu obter os melhores resultados. Que esta obra impacte inúmeras vidas, assim como você foi um divisor de águas na minha. Com toda a minha admiração.

Dra. Vanderléa Coelho
Médica multiespecialidade, fundadora do Instituto da Menopausa e criadora do método Menopausa Sem Sofrimento

▷▷▷

Com a Dra. Michele Lopes, mergulhei em um mundo fascinante de física quântica, neurociência e psicologia positiva.

Essa jornada transcendental não apenas ampliou meus horizontes, mas também revelou meu verdadeiro propósito de vida.

O curso *(Re)significar* foi um divisor de águas, e me permitiu abraçar minha missão de levar alegria como jornalista e influenciador digital.

Redefini meu *mindset* e me conectei com um propósito mais claro, que agora impulsiona cada aspecto da minha jornada.

Minha gratidão por despertar meu potencial mais profundo é infinita. Dra. Michele me guiou nessa transformação e me ajudou a descobrir e abraçar plenamente quem eu realmente sou.

Darlisson Dutra
Jornalista do SBT

▷▷▷

Ressignificar as emoções é essencial para o nosso bem-estar. É um processo vital na jornada de autodescoberta e crescimento pessoal. Todos os sentimentos têm um propósito e uma função. Quando tentamos suprimir ou negar essas emoções, estamos negando a nós mesmos a oportunidade de aprender com elas e de crescer. Nesse processo, conheço pouquíssimas pessoas tão bem preparadas quanto a Dra. Michele Lopes. Indico a todos a leitura deste livro e a participação em todos os processos sugeridos por ela.

Raphael Lopes
Gestor do MasterMind Alphaville

▷▷▷

Dra. Michele Lopes é uma daquelas raras pessoas que, quando você a conhece, o encantamento é imediato. Nos instantes iniciais de nossa conversa, eu me surpreendi com sua profundidade de conhecimento, sua sinceridade de propósito e sua facilidade de transferir conteúdos, como alguém que vive naturalmente a sua missão. Tudo nela parece fácil, porque faz parte dela esse propósito existencial. Que bom que ela decidiu dividir e eternizar esse conhecimento com milhares de pessoas por meio de seu livro. Um livro, quando bem escrito, educa milhares de pessoas, pois tem valor cultural por si só. Quando ocorre um caso como este, em que a autora, além de escrever, incorpora o patrimônio de suas experiências, nasce uma obra que marca uma época. Essa é uma história que merecia ser escrita. Um livro não muda o mundo, mas sim uma pessoa e essa pessoa pode mudar o mundo. É uma honra ter a Michele Lopes como companheira de missão no projeto de fazer o Brasil um lugar melhor para viver.

Jamil Albuquerque
Presidente do MasterMind da Fundação Napoleon Hill e autor do livro a *A arte de lidar com PESSOAS*

PROPÓSITO OU MISSÃO? EIS A QUESTÃO

▷▷▷

Propósito ou missão? Eis a questão, como isso é forte e verdadeiro em cada um de nós, o quanto essa dúvida vive em muitos de nós.

Dra. Michele Lopes, você foi iluminada por Deus para nos ajudar a entender, de fato, o que é missão e o que é propósito. E o mais importante de tudo isso, nos ajuda a descobrir o nosso próprio propósito, ou seja, o porquê de cada um de nós.

Essa obra traduz o que você faz em seus treinamentos, essa obra tem o poder de ser um *start* para ressignificar um ser humano, de trazê-lo à sua verdadeira essência, tenho certeza que todos que lerem este livro não conseguirão não ser alguém muito melhor.

Parabéns, Dra. Michele Lopes, por tanta sabedoria e amor ao próximo; por nos presentear com esse conhecimento; que orgulho de você e desta obra.

Do seu sócio, do seu leitor, do seu aluno, do seu marido e, acima de tudo, do seu amigo.

Fábio Meirelles Lopes
Empresário, mentor e administrador de empresas e negócios

PREFÁCIO

Você sabe qual o seu propósito de vida? Ele determina o que você tem feito?

Descobrir com que propósito você veio ao mundo, de modo especial e admirável, fará a diferença em cada área do seu viver.

É isso que o livro *Propósito ou missão? Eis a questão* revela em suas páginas. Um conteúdo preciosíssimo, exercícios, diagramas, textos bíblicos e testemunhos pertinentes ao assunto levarão você a descobrir e descrever o seu propósito de vida.

Michele Lopes, cristã vigorosa e profissional excelente, que escreveu com intensidade de raciocínio e clareza de expressão, ensina tanta riqueza neste livro: propósito de vida e sua diferença de missão, dons e talentos, princípios e valores.

Um conteúdo como este só poderia ser produzido por alguém que experimentou um misto de situações: sofrimentos e satisfações, perdas e ganhos, desprezo e admiração, tristezas e alegrias. Michele aprendeu, com a própria experiência, a ensinar o que é um propósito de vida, tornou-se uma verdadeira *coach* e mentora por tanto amor que tem a Deus e ao próximo, assegurando seu propósito de fazer com que as pessoas sejam exatamente aquilo para que nasceram.

Propósito ou missão? Eis a questão não é fruto só de leituras e estudos acadêmicos. É resultado de um olhar panorâmico, cronológico, sinóptico, reflexivo, apaixonante, detalhado, comparativo, profundo, antropológico, histórico, bíblico e envolvente nas etapas de sua própria vida.

PROPÓSITO OU MISSÃO? EIS A QUESTÃO

Ao ler esta obra e os testemunhos nela descritos, tive a sensação de estar interagindo com a autora e com os seus alunos, que contaram suas histórias pessoais. Tive a sensação de estar participando das situações e acontecimentos descritos pela autora, razão pela qual me emocionei até cair em lágrimas pelo menos duas vezes, pois, em primeira mão, fiz a leitura mais do que com os olhos físicos: usei os olhos do coração e os olhos da alma.

Os testemunhos? Todos foram escritos por corações que aprenderam a amar tanto a autora quanto a professora, com o *mentoring* ou *coaching*, pois foram capazes de descobrir, de maneira natural e inteligente, os seus propósitos de vida e estabelecerem suas missões temporárias, usando os talentos e os dons dados por Deus. Valorosos testemunhos!

Recomendo a leitura de *Propósito ou missão? Eis a questão* para descobrir o sentido do seu viver com propósito. Um livro de ensino e de exercícios, escrito de maneira objetiva e com base nas próprias experiências da autora, que a credenciam para tal. O conteúdo é valoroso na medida em que relaciona fundamentação bíblica com aplicações apropriadas, científicas, reflexões, experiências da autora e exemplos práticos decorrentes de histórias de vidas em forma de depoimentos.

Tenho certeza de que os leitores aplicarão o que aprenderem neste livro e o recomendarão a quantos puderem alcançar.

Agradeço à Dra. Michele Lopes pelo honroso privilégio de prefaciar o seu livro.

Olney Basílio Silveira Lopes
Pastor e presidente da Associação Apascentar

CAPÍTULO 1
POR QUE VIVER?

CAPÍTULO 1 - POR QUE VIVER?

Nos tempos atuais, as pessoas vivem uma vida frenética, extremamente atarefadas, cheias de compromissos e responsabilidades, buscando atender algum tipo de necessidade, seja ela pessoal, profissional ou até mesmo para oferecer algo a alguém. Mas será que elas conseguem isso em sua totalidade? É assim que muitas pessoas se sentem, fazendo de tudo a todos para agradar, para cumprir com seus "deveres", em busca da recompensa que nunca é saciada totalmente. Uma sensação de que, por mais que façam, nunca estará completo.

O cansaço vem, a fadiga desfalece a alma, provocando uma dor que não se cala e que atormenta os pensamentos. O vazio parece nunca ser preenchido por completo e há a impressão de que sempre falta uma parte. Mas que parte é essa?

Na busca de respostas, pode ser que algumas saiam automáticas, sendo lançadas para fora, como: "Eu faço de tudo, estou esgotado", "eu só trabalho, não tenho tempo para nada", "minha vida é tão agitada, corro o tempo todo". Ou ainda: "Eu tenho tudo: dinheiro, família, negócios, carreira, sucesso, status, reconhecimento, patrimônios, viagens, carros, uma vida espiritual e religiosa, entre outros e me sinto assim, por quê?".

O fato é que, mesmo diante de tantos compromissos, mesmo realizando tantas coisas, como seres humanos que somos, em alguns momentos podemos nos perguntar: "Está valendo a pena? Por que tenho vivido tudo isso? Por que já passei por tudo que passei ou estou passando? Qual o sentido disso? Qual o sentido de viver?"

Nessa busca de entender o sentido da existência, dentro de uma autoavaliação sobre o passado, presente e futuro, é natural que outras indagações fortes e consistentes surjam em sua mente: "Qual o meu propósito de vida? O que eu vim fazer neste mundo? Por que eu existo? Qual é o meu papel nesta terra? Qual o significado da minha vida?" E se caso você não fez essas perguntas a si mesmo até hoje, chegará um momento em que naturalmente, elas virão. A busca por essa compreensão é inata, todos necessitam dessas respostas e, consciente ou inconscientemente, a procura continuará até que obtenha as informações de alguma forma. Infelizmente, pessoas se vão deste mundo sem encontrá-las, porém, não significa que não existia dentro delas um desejo ardente, a necessidade de trazer à existência essas informações. E por que pessoas se vão dessa forma?

Ao analisar este assunto, não se assuste caso não tenha encontrado as suas respostas até o momento, você não é o único. Posso afirmar, pois, dentro do meu curso *(Re)significar,* levo as pessoas a encontrarem o propósito de existir e afirmo que, de forma geral, a maioria delas não sabe e não conseguiu encontrar até então, porém isso muda ao término do curso. Mais de 95% das pessoas saem com a resposta, com toda clareza e certeza de qual é o seu propósito de existir, e isso muda completamente a maneira de conduzir a vida; e as demais pessoas saem com uma ideia mais clara do seu sentido de viver.

Como ser humano composto de corpo, alma e espírito, a maioria das pessoas não só quer, como necessita, que a vida dela importe, que tenha um valor, que, de alguma forma, faça diferença neste mundo; portanto, viver por algum motivo inspira a dar continuidade à sua existência e ter a percepção de que a vida está valendo a pena.

O propósito de vida é a razão pela qual você nasceu, e deveria ser o motivo para se levantar da cama todas as manhãs. O fato é que a maioria das pessoas passa a vida toda procurando o caminho da verdade; infelizmente, não o encontrando, busca alternativas se apegando a alguns fatores externos que provocam compensações ou frustrações, e esse é um grande perigo. Quando a percepção é a compensação, como a conquista de bens materiais, status, sucesso, casamento, filhos, entre outros, gera um bem-estar instantâneo e uma completa dependência da continuidade, em que, muitas vezes, é exigido um esforço além do possível para abastecer a manutenção dessa necessidade. Por outro lado, quando o que se faz provocado pelo sentido de existir não atinge as expectativas, vem a frustração e seus derivados: desânimo, tristeza, decepção, cansaço, ansiedade, angústia entre outros, desmotivando a continuidade e, como alternativa sobre a compreensão do apego externo, busca em tarefas ou atividades uma nova

CAPÍTULO 1 - POR QUE VIVER?

execução para ter motivo de viver, como trabalho em excesso, uma conexão forte com a religiosidade ou até mesmo em obras sociais, como benefício próprio. Nada disso é errado, porém, é importante observar o motivo que está conduzindo a ação. Caso a frustração continue, muitos desistem e interrompem a vida por falta da descoberta do real propósito de existir.

> **ACREDITE! NOSSO BEM-ESTAR E QUALIDADE DE VIDA DEPENDEM DE ENCONTRAR UM PROPÓSITO. ELE É O GRANDE INSPIRADOR QUE FAZ OS OLHOS BRILHAREM E O SORRISO SAIR NATURALMENTE DEVIDO À COMPLETUDE DO QUE ALIMENTA A ALMA.**

Acredite! Nosso bem-estar e qualidade de vida dependem de encontrar um propósito. Ele é o grande inspirador que faz os olhos brilharem e o sorriso sair naturalmente devido à completude do que alimenta a alma. Isso revela o fato óbvio de buscar o crescimento por inteiro, o que é relevante não apenas no desafio de ganhar dinheiro, ter sucesso profissional, ter uma carreira promissora, ter saúde e um corpo invejavelmente perfeito, ou ainda mais, uma família incrivelmente exemplar e relacionamentos saudáveis, mas também encontrar um significado para sua existência na totalidade.

Portanto, o que te faz viver? O que faz você se levantar todos os dias da cama? Pense nas respostas: seria pelas pessoas que você ama? Seria para cumprir compromissos e responsabilidades assumidas? Seria o trabalho ou a obra social que ocupa a maior parte do seu tempo?

Afinal de contas, para que você existe? Qual seria a sua resposta, assinale:

- ▶ Viver para os outros;
- ▶ Cumprir tarefas;
- ▶ Viver ocupado.

PROPÓSITO OU MISSÃO? EIS A QUESTÃO

Se você se encontrou no grupo de "viver para os outros", quero te fazer pensar. É possível que você tenha nascido para cuidar dos outros ou de algumas pessoas específicas?

Vamos colocar algumas situações para exemplificar e trazer uma melhor compreensão.

Imagine uma mãe que sempre fez de tudo para os seus filhos, que negou a sua vida por amor a eles, deixou de trabalhar ou rejeitou grandes oportunidades profissionais para viver em função deles; tudo que sempre fez era somente e exclusivamente para eles. Passam 10, 15, 20, 25, 30 anos e esses filhos crescem, vão para o mundo viver as próprias vidas, saem de casa para fazer uma faculdade, morar no exterior ou até mesmo para casar, constituindo família. Essa mãe encontra-se, nesse exato momento, perdida, sem saber o que fazer da sua vida, se sentindo abandonada, sozinha e desvalorizada porque, afinal de contas, o sentido de existir foi embora; as suas atividades do dia a dia eram em função a eles, então vem a sensação de que parte dela morreu e um vazio toma conta do seu peito.

Na busca de continuar tendo um sentido de existir, que está atrelado aos filhos, ela se torna uma mãe intrusa, inoportuna e controladora que, mesmo à distância, procura gerar uma dependência emocional dos filhos com ela. Sem limites, atrapalha os filhos diante das próprias escolhas e decisões relacionadas ao trabalho, à saúde, ao casamento, à educação dos filhos etc., impedindo-os que cresçam. Nesse caso, gerando problemas de relacionamentos entre genro/nora e sogra, invadindo a privacidade e mentalidade dos filhos, podendo chegar ao divórcio do casal, à demissão de um emprego, à desistência de morar ou estudar fora, para assim ela tomar a posse de volta do seu sentido de existir. Claro que todos esses comportamentos não são intencionalmente maldosos e totalmente conscientes, porém, são egoístas devido à necessidade de sentir que é importante de alguma forma para alguém.

Outra possibilidade é a mãe ficar doente emocionalmente, entrar em depressão, ter síndrome do pânico e se comportar como vítima por uma

CAPÍTULO 1 – POR QUE VIVER?

sensação de solidão. Quanto mais doente fica, mais chama a atenção daqueles que ela tem como dependência emocional. Ao alimentar suas emoções dessa forma, mais doente fica para que tenha os filhos perto de si. O grande problema é que isso gera muitas consequências ruins para si e para os demais que a amam e que não estão entendendo que fazem parte de um engano mental.

▷▷▷

Imagine um pai que acredita que vive em função dos seus filhos e família, considera que faz de tudo para eles, sacrificando a sua vida ao trabalho para dar as melhores condições, diferente do que recebeu dos seus pais. Um homem de pouca convivência familiar, com a justificativa da falta de tempo por investir todos os seus esforços na sua carreira ou nas suas empresas e negócios, imaginando que esse é o seu principal papel, com o intuito de suprir tudo o que ele imagina que a sua família e os seus filhos precisam, acreditando que está se negando por amor a eles. Com o passar dos anos, ao alcançar a sua meta, o pai, empresário bem-sucedido, tem como objetivo passar o seu "cajado" aos sucessores, com uma percepção de missão cumprida, crendo que, nesse momento, poderá começar a viver.

Ao se deparar com a negativa dos seus filhos, e sua rejeição em assumir os negócios e as empresas, com a aparente demonstração de que eles apenas querem o dinheiro, ou o que ele pode oferecer, sem se esforçarem, esse homem tem a sensação de que todo sacrifício foi em vão e que, em vez de receber os reconhecimentos desejados que um dia imaginou, recebe agora o desprezo e o abandono, sentindo que não valeu a pena. Somente aí percebe que alguma falha cometeu no passado para não ter alcançado literalmente o resultado esperado. Portanto, é possível que seus filhos se sintam ou tenham se sentido amados com essa atitude de sacrifício do pai? Ou ainda se sentiram trocados por que não tiveram o que eles mais queriam, o seu pai? Isso pode explicar a rejeição por aquilo que afastou o pai da presença deles, a empresa e os negócios, ou seja, rejeita o que o pai mais ama, na concepção do filho.

Nessa fase, pode iniciar o processo de doenças devido à junção de todo o histórico profissional, mais o abalo emocional desse homem. Sem uma perspectiva positiva diante da frustração, imagina que não dá mais tempo de recuperar, e que todo o esforço no trabalho não adiantou para os filhos e familiares, somente para si. Intuindo que a vida estivesse encerrando nesse momento, passa a sobreviver, tocando os negócios por obrigação devido aos seus planos terem sido frustrados. Chega à idade mais madura não se permitindo viver, no sentido de curtir a vida sem pressa, com tempo livre, apesar de ter todo dinheiro que o permitiria a isso, por ter perdido o seu aparente propósito.

▷▷▷

Imagine também uma mulher que, ao longo da vida, não casou, não construiu a própria família e a independência financeira ou emocional por acreditar que o seu maior dever neste mundo era cuidar dos seus pais até a velhice, até o fim da vida deles aqui na Terra. Por amor e como obrigação por tudo que eles fizeram para ela e aos seus irmãos, se sacrifica, acreditando que está cumprindo com o seu papel imposto pelo universo.

Ao chegar o momento da partida dos seus pais, essa mulher se depara consigo mesma, tendo que encarar a sua vida, a sua existência e percebe que o tempo passou e que não construiu nada tão significante a si mesma e que todo sentido de levantar todos os dias da cama se foi e agora não sabe o que fazer. Perdida, se depara com um vazio, como se a sua vida tivesse ido embora com os seus pais. Tenta preencher o vazio vinculando a sua vida à vida de outras pessoas, se tornando sempre dependente de alguém para se sentir feliz, porém, ainda assim, incompleta, porque a parte que lhe falta se foi, a deixando sem saber conviver consigo mesma, como se fosse uma estranha para si mesma.

CAPÍTULO 1 - POR QUE VIVER?

Vamos a um caso real. Foram realizadas algumas alterações na história para manter a confidencialidade da família.

Uma mulher jovem, muito bonita, de aproximadamente 40 anos, veio até mim para um processo de desenvolvimento pessoal, indicada por uma das alunas dos cursos que ministro. Essa linda mulher estava encoberta por uma profunda tristeza, me recordo até hoje. Acima do peso, vestia roupas largas e escuras, com um olhar muito deprimido, cheia de dor e amargura, completamente resistente e decepcionada com a vida, inclusive com Deus, precisando de ajuda. Confessou a mim que estava assim há dois anos. Ao consultar o seu histórico, nos deparamos com vários fatores desde a infância, porém, o que mais me chamou a atenção é o que você descobrirá a seguir.

Há dois anos, ela era esposa de um grande empresário, morava em uma linda casa de praia no Litoral Sul. Era mãe de três filhos e estava em sua quarta gestão, seu bebê estava com seis meses. Casada há vinte anos, o seu marido era o homem da sua vida, o namoro da sua juventude. Aparentemente, eles eram muito felizes e bem-sucedidos nessa relação, existia muito amor e admiração. Mantinham uma vida de muito status, seus negócios cresciam de forma promissora pela gestão do seu marido, um empresário muito reconhecido e atuante no mercado. Tudo o que o dinheiro poderia proporcionar, ela tinha: carros, casas, patrimônios, viagens, roupas, joias e os melhores restaurantes. Além de tudo, ela tinha uma linda vida de fé com Deus; de fato, isso era a sua realidade, esses eram os valores transmitidos aos seus filhos.

Infelizmente, num determinado dia, de forma inexplicável, o seu marido sofreu um acidente aéreo em uma das suas viagens a trabalho e o seu jato particular caiu em alto-mar, morrendo ele e o piloto.

Essa mulher, a esposa, ao se deparar com a situação, entrou em crise existencial pelos seguintes motivos: além da perda traumática e da situação de se encontrar sem o seu grande amor, o seu eterno namorado, o qual tinha muitos planos de vida a dois por serem ainda muito jovens, estava grávida de uma filha que ele não conheceria, além dos outros três filhos para cuidar; todos estavam abalados emocionalmente.

Nesse instante, ela se perdeu em sua identidade e não sabia quem era e por que continuar vivendo. Cheia de questionamentos, debateu com Deus e entrou em conflito com sua espiritualidade. Por que Deus havia permitido isso? Era totalmente injusto. Ela se revoltou e se afastou de Deus, piorando ainda mais a situação.

A história não para por aqui. Ao continuar buscando os motivos pelos quais não queria mais viver, encontramos a seguinte situação: ao se casar muito jovem com um homem de perfil dominante, era cheia de inseguranças e medo; encontrou nesse homem a fortaleza que lhe faltava. Por suas debilidades emocionais, ela era muito dependente dele. Devido à sua falta de posicionamento, ele tomava todas as decisões por ela, fazendo isso por amor e pela boa intenção em ajudá-la. Por ele ter um perfil muito forte e dominante, ela passou a ser a sombra do seu esposo, tudo o que ela fazia era para ele e por ele, como, por exemplo: toda agenda e organização da vida dele era ela quem cuidava, a casa era coordenada por ela diante do que ele gostava. Ela vestia as roupas que agradavam a ele, como também vivia a vida conforme a visão e diante da direção que ele dava. Ela vivia a vida dele, e estava tudo bem assim. Quando o seu marido partiu deste mundo, ela foi junto. Estava viva fisicamente, mas a sua alma, morta. Ela se viu totalmente perdida, confusa, não sabia quem era; a sua referência, que gerava a sua identidade, tinha falecido. Portanto, não tinha mais um real sentido de viver, não vivia a vida dela, mas sim, a vida dele. Mesmo tendo filhos e grávida de mais uma criança, isso não era suficiente para substituir o seu grande amor, pois, literalmente, ele era a vida dela. O seu propósito de existir era servi-lo, e agora não tinha mais a quem servir. Para que viver? Ou para quem viver? Foi diante desse cenário - de um impacto muito grande, maior do que a perda de um ente muito querido; foram duas mortes em uma - que nos encontramos.

O desenrolar dessa história você conhecerá mais no capítulo 8.

CAPÍTULO 1 - POR QUE VIVER?

Analisando todas as histórias contadas anteriormente, o que é possível aprender e identificar? Sugiro que escreva nas linhas a seguir, para maior efetivação na sua vida.

Qual é a sua história? Você se identifica de alguma forma com as anteriores? Por quê? Escreva.

Se o seu propósito de vida estiver atrelado exclusivamente a uma pessoa ou a algumas pessoas que você tanto ama, pode correr um grande risco de, em algum momento, ter dor e sofrimento perante as decepções que todo ser humano falho comete e, nesse caso, perder o sentido de existir.

PROPÓSITO OU MISSÃO? EIS A QUESTÃO

Não que não possamos viver para ajudar os outros, principalmente para ajudar aqueles que amamos. Cumprir o papel de pai, mãe, filho(a) ou esposo(a), por exemplo, é uma questão de honra e gratidão, não deveria ser obrigação no sentido da obrigatoriedade. Sacrifício pode até ser necessário, mas não é sinônimo de negação, ou seja, podemos nos sacrificar por motivos importantes em alguns momentos da nossa vida por amor ao outro, porém, não devemos negar a nossa própria vida para viver a vida do outro, nos esquecendo de nós mesmos, como se não tivéssemos valor. Somos seres humanos independentes, que estamos interligados e não ligados diretamente.

Nesse momento, volto a fazer a seguinte pergunta: é possível que você tenha nascido apenas para cuidar dos outros ou de algumas pessoas específicas? Por quê? Responda a seguir.

Se você se encontrou no grupo de "cumprir tarefas", quero que pense; é possível que você tenha nascido para cumprir com obrigações, se enchendo de responsabilidades, ticando listinhas de tarefas para ter a sensação de utilidade na vida?

Vamos colocar algumas situações para exemplificar e trazer uma melhor compreensão.

CAPÍTULO 1 - POR QUE VIVER?

Imagine um rapaz solteiro, cheio de sonhos; ainda muito jovem, tem projetos e deseja fazê-los acontecer. Isso é o que o motiva a acordar todos os dias de manhã para sentir que a sua vida está valendo a pena. Sente que, se assim fizer, será aprovado pelos pais, amigos e sociedade. Compreende que tem que ser próspero e bem-sucedido e que só conseguirá chegar lá a partir do momento que cumprir com cada item imposto determinadamente na sua lista de metas e tarefas.

Pela ansiedade em realizar o que se sonha no agora, querendo antecipar o futuro, acaba se sobrecarregando com muitos compromissos que tiram as suas forças, levando-o ao esgotamento. Muitas vezes, no dia seguinte, não tem forças para produzir e passa o dia apenas pensando, desejando ou, literalmente, dormindo, sendo improdutivo, o inverso do que se esperava.

Quando chega, à noite, checa a lista de tarefas e percebe que, das muitas ações assumidas para o dia, apenas parte conseguiu concretizar, se frustra, se cobra, se condena, como se tivesse cometido um pecado grave e vive uma vida de martírio. O que era para trazer ânimo e alegria, como direcionamento, está trazendo peso e tristeza. Em muitos momentos, pode vir a sensação de que tudo o que se deseja está ainda muito distante, focando muito mais no que não tem do que no que já tem. E o que não tem é o que está dando o sentindo de realizar para existir. A sua autocobrança é devido à confusão mental de que, somente quando chegar lá, nos resultados, terá valido a pena. Se não cumprir com as tarefas, não estará honrando o sentido de existir, pois são elas que o movem a viver.

▷▷▷

Imagine agora uma mulher, mãe, esposa, profissional, filha, serva de Deus, que faz obras sociais e que acredita que ela, somente ela, tem que dar conta de tudo para fazer acontecer. Esse é o sentido dela viver, dar conta de tudo e, se assim fizer, entenderá que é insubstituível, importante e necessária, ou seja, ninguém vive sem ela.

PROPÓSITO OU MISSÃO? EIS A QUESTÃO

Para conseguir ser a realizadora, não pode confiar apenas em sua memória; são muitas atribuições, portanto, sai todas as manhãs com uma enorme lista de responsabilidades, a qual contém a todas as funções das suas áreas da vida, ou seja, casa, trabalho, escola das crianças, supermercado, marido, estética, pais, vida social, academia, estudos espirituais, cursos, entre outros. Ajudando-a a se lembrar das diversas tarefas, desde o abrir dos olhos, ao acordar e o repouso ao dormir, tudo o que é preciso fazer no dia.

Ao chegar ao final do dia, confere a lista e coloca a tarjeta de bem-sucedida ou malsucedida, aprovada ou desaprovada, para iniciar o dia seguinte tudo de novo e, se assim não fizer, a impressão que tem é que a sua vida não tem valor e sentido, pois não está cumprindo com suas obrigações. A lista se torna o termômetro de quão útil ela tem sido na vida, sendo a comprovação que está cumprindo com o seu propósito.

▷▷▷

Vamos a um caso real. Foram realizadas algumas alterações na história para manter confidencialidade da família.

Uma jovem mulher, casada e mãe de um adolescente com algumas síndromes, como TEA (transtorno do espectro autista) leve, TDAH (transtorno de déficit atenção e hiperatividade), com alto nível de QI (inteligência intelectual), e de mais uma criança na fase da alfabetização. Com responsabilidades profissionais e deveres domésticos, essa mulher se esquece de si e vive com o exclusivo foco de cumprir tarefas por não se permitir falhar. Em sua mentalidade, segue a mensagem: você tem que dar conta de tudo.

A constante autocobrança não permite a ela identificar que está se esquecendo de si, fazendo de tudo para garantir que as responsabilidades sejam cumpridas, que todos acabem sendo beneficiados por sua eficiência e excelência. Os deveres são as suas prioridades, com a visão de que, diariamente, tem que bater a meta traçada da listinha mental de verificação de tarefas, pois não as coloca em papel, mas mentalmente tem internalizado tudo o que deve fazer.

CAPÍTULO 1 - POR QUE VIVER?

Caso não consiga realizar no dia, os itens faltantes automaticamente se acumulam para o dia seguinte, a sobrecarregando ainda mais.

O fato é que todas essas responsabilidades tratadas dessa forma geram a conotação a si mesma de que ela é uma supermulher, uma mãe assertiva e pontual, que tem feito de tudo para que os filhos cresçam, superem e façam a diferença neste mundo, além de ser uma profissional admirada pelo muito fazer. Ainda com as obrigações da casa, se cobra para deixar tudo em ordem, mesmo que tenha que acordar cedo demais e dormir tarde demais. Porém, a sua forma de conduzir está sobrecarregando-a e a deixando pesada física e emocionalmente, além do fardo espiritual.

Ninguém pediu para ela ser assim, ninguém disse a ela que precisava viver assim. Na verdade, é o contrário, todos pedem para que ela se permita relaxar, pois, da mesma forma que se cobra, passa a cobrar os outros sob a mesma perspectiva. O que a faz tratar a vida dessa forma é que identificou a sua importância e o seu valor no muito fazer, que se tornou o seu sentido de viver.

Analisando essas histórias, o que é possível aprender e identificar? Sugiro que escreva nas linhas a seguir para maior efetivação na sua vida.

PROPÓSITO OU MISSÃO? EIS A QUESTÃO

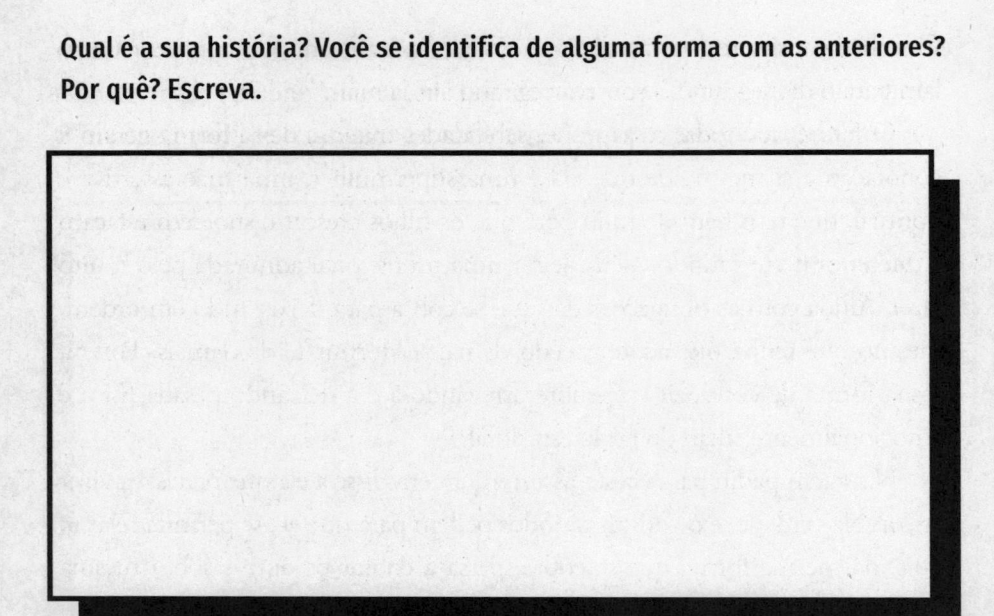

Qual é a sua história? Você se identifica de alguma forma com as anteriores? Por quê? Escreva.

Vejo pessoas chegando ao final do dia checando se tudo o que se comprometeu a fazer foi cumprido, trazendo nesse momento o significado do valor e importância da sua vida. Quando todas as tarefas são realizadas, chega a vir uma sensação de prazer, êxtase, que as motiva a realizarem tudo novamente no dia seguinte e passam a ter um sono tranquilo de descanso. Quando não acontece o cumprimento das tarefas, vem um sentimento de culpa, martírio e uma autocobrança para fazer sua vida ser útil e ter sentido pelas múltiplas funções. Passa a dormir com uma lista para ser realizada no dia seguinte e, durante a noite, sonha com ela, acorda pensando nos itens a serem inclusos como responsabilidade para realizar.

Contudo, não significa que é errado fazer listinhas e que elas não têm a sua importância. A questão aqui citada é o sentido da sua existência. É importante compreender que você não está aqui apenas para cumprir com obrigações, elas não devem te conectar com o motivo de viver, mas fazem parte das suas responsabilidades cotidianas e não devem ser o impulsionador da sua existência.

CAPÍTULO 1 - POR QUE VIVER?

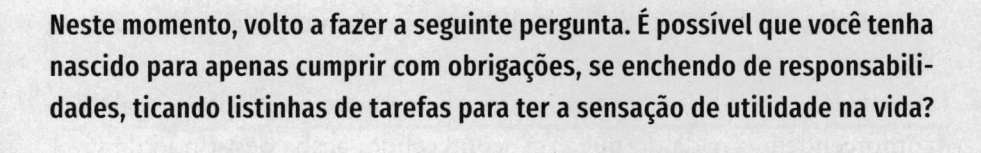

Neste momento, volto a fazer a seguinte pergunta. É possível que você tenha nascido para apenas cumprir com obrigações, se enchendo de responsabilidades, ticando listinhas de tarefas para ter a sensação de utilidade na vida?

Se você se encontrou no grupo dos "viver ocupado", quero te fazer pensar. É possível que tenha nascido para se sobrecarregar, produzir, ocupando todo o seu tempo com trabalho ou obras sociais para se sentir necessário?

Vamos colocar algumas situações para exemplificar e trazer uma melhor compreensão.

Imagine um empresário, um profissional que sonhou um dia em ter o próprio negócio. Investiu tempo, dinheiro, esforço, o seu acreditar, negando muitas coisas a si mesmo em favor do sucesso da empresa. Colocou porções de amor, de fé, de esperança e muita expectativa de que, no futuro, essa empresa daria conforto e estabilidade a si e aos seus filhos.

Por algumas mudanças do mercado, esse empresário, desprevenido, não consegue lidar com a situação e seus negócios começam a ter certa decadência. Sem confessar e pedir ajuda, devido ao seu orgulho e imagem a ser preservada, passa a viver de aparência, causando prejuízos grandiosos para os negócios, acumulando dívidas sobre dívidas e não encontra outra solução a não ser decretar falência. Perdendo tudo que construiu a vida inteira, se sente derrotado, incompetente e incapaz, com a imagem desacreditada perante a sociedade e o mercado, sem motivação, ou seja, sem um propósito real. Não compreendendo nada do que está acontecendo, acaba desistindo de viver e, para se livrar dos seus sofrimentos, se suicida, ou seja, tira a sua própria vida porque a única razão de viver foi embora com a empresa.

▷▷▷

Imagine um religioso que compreendeu que o sentido da sua existência era dirigir uma instituição religiosa, estar à frente de trabalhos importantes, ocupando não somente o cargo, mas entregando a sua vida por inteiro a esse ministério. Esse homem está nessa instituição religiosa de segunda a segunda-feira. Ele se esquece de dar a devida atenção à sua família, à sua casa, à sua esposa, aos seus filhos e à sua saúde. Em sua mente, a divisão de tarefas entre ele e a esposa está certa: ele trabalha para Deus e traz o mantimento, suprindo as necessidades financeiras, e ela cuida da casa e dos filhos. Ela acaba transferindo a sua responsabilidade de pai à mãe. Se engana, mentalmente acreditando que a mãe suprirá a sua atuação como pai, porém, seus filhos sentem não somente a ausência física, como também a convivência relacional, que deveria abastecer a estrutura emocional no desenvolvimento dos seus filhos por meio do sentimento sublime, o amor, dando a impressão para a família que os de fora são mais amados, importantes e queridos do que os do seu próprio sangue. Sua vida é cuidar das pessoas que ali frequentam a sua instituição religiosa. Um homem dedicado porque acredita que está fazendo, acima de tudo, a vontade de Deus e coloca o seu coração nessa obra social do servir sem cessar.

Um dia, esse homem, completamente esgotado e sobrecarregado, não consegue fazer tudo o que é exigido em sua instituição religiosa com qualidade e passa a ser cobrado pelos seus superiores. O exemplo como pai deixa a desejar, as brigas em casa passam a ser constantes com os filhos e com a esposa devido à revolta de todos, isso o desmotiva ainda mais a voltar para a casa. Seus erros, que eram inconscientes, pois acreditava fazer o certo, começam a vir à tona

CAPÍTULO 1 - POR QUE VIVER?

para os membros da igreja que lidera e passa a ser acusado como pecador, o que vive de aparências.

Seus líderes, ao detectarem os conflitos que este homem vem sofrendo em casa como esposo e pai, percebem que surgem mais problemas também na frente de trabalho da instituição religiosa e o desqualificam. Com isso, ele perde o cargo, o ministério e a remuneração.

Por ter negado a sua vida e ter considerado que todo o sacrifício foi por obediência a Deus, gera uma confusão mental e emocional tirando o seu sentido de viver após conseguir avaliar que ganhou o "mundo inteiro" e perdeu a sua alma, assim como os seus bens mais valiosos, que estavam dentro de casa.

▷▷▷

Vamos a um caso real, com autorização da pessoa citada.

Um Senhor que, na época, tinha os seus 53 anos vivia confortavelmente com a sua família e com os bens adquiridos diante das suas conquistas profissionais. Ele trabalhava em uma empresa desde muito jovem, na qual teve oportunidade no início da sua trajetória profissional e ali permaneceu por mais de 30 anos. Foi um período de muitas alegrias, vitórias, conquistas, realizações, crescimento, reconhecimento, entre outros. O seu trabalho era muito importante para a empresa, além de ser querido e amado por todos que trabalhavam com ele. Um profissional dedicado e fiel que, por muitas vezes, negou outras propostas, sempre servindo àquele lugar com muito amor, assumindo um papel acima do que era sugerido em contrato, passando a sentir a dor de um dono. Era um homem verdadeiramente exemplar. Ele entregou a sua vida a essa empresa, fez muitos plantões, horas extras, quase não tirava férias e, quando assim fazia, não saía do computador e do telefone ajudando a empresa a resolver os problemas. Mesmo doente, trabalhava; quando era chamado em situações de emergência, deixava os seus filhos nos passeios e férias e voltava ao trabalho, sempre colocando a empresa como prioridade em sua vida.

Por diversas mudanças que a empresa foi passando ao longo dos anos, e readequações de setores e serviços prestados, de forma estratégica, foi preciso demiti-lo. Por mais que tivessem todas as justificativas do mundo, mesmo ele sabendo que um dia provavelmente aconteceria, esse homem se sentiu muito mal. Triste, magoado, perdido, sem expectativa de futuro, porque nunca teve um plano B, sua vida era totalmente vinculada àquela empresa, entrou em um processo de depressão profunda, a ponto de não conseguir dirigir um carro, se alimentar ou fazer a higiene pessoal sozinho, completamente dependente de medicamentos. Tudo isso porque não encontrava mais sentido de viver devido à sensação de inutilidade e, agregado a ela, o sentimento de inconformidade, por estar perto da sua aposentadoria, e injustiça, por ter feito de tudo a todos daquele lugar e receber dessa forma a recompensa por anos de dedicação.

Esse homem é o meu sogro, Sr. Antônio, que honro e respeito como meu pai. A empresa não estava errada e ele bem sabe disso. O maior fator é que ele vinculou a sua vida à essa organização. Na sua mentalidade, a companhia era dele, mesmo sem ser o proprietário dela. E mesmo que fosse o proprietário, veja o risco que é misturar a identidade do ser humano com a identidade da empresa e dos negócios. Portanto, foi obrigado a entender que ele não era a empresa e, porque não trabalhava mais naquele lugar, tinha a vida dele e, ambos, continuavam fazendo o seu caminho de existência, separadamente. Foi doloroso, porém foi preciso entender que a empresa não era o seu real sentido de viver, mesmo atrelando esse pensamento por mais de 30 anos.

Analisando essas histórias, o que é possível aprender e identificar?
Sugiro que escreva nas linhas a seguir para maior efetivação na sua vida.

CAPÍTULO 1 - POR QUE VIVER?

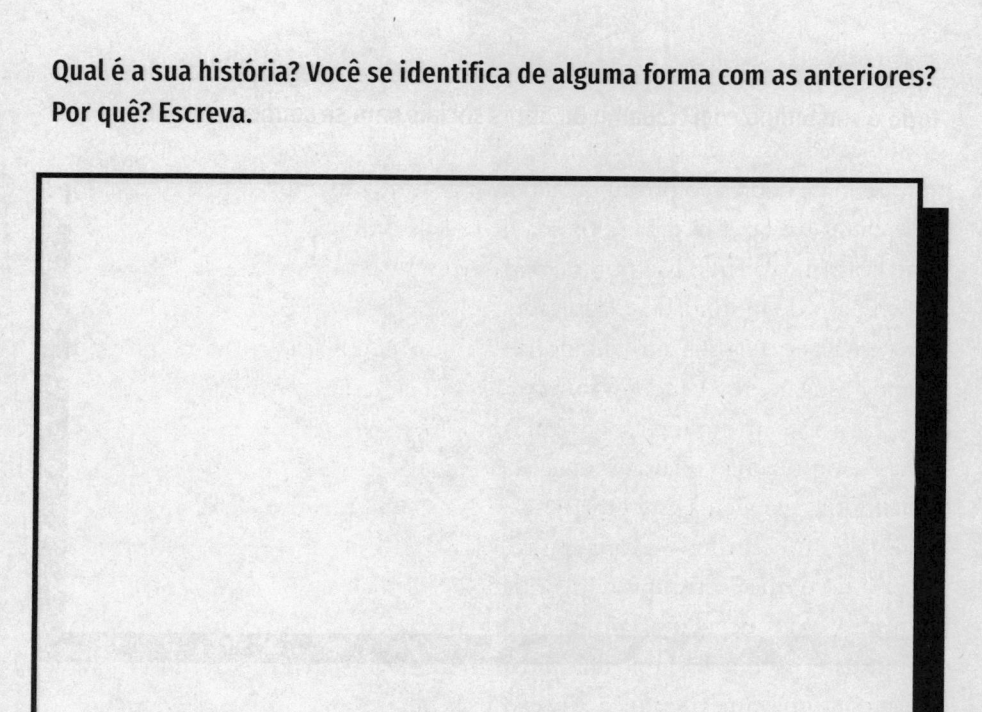

Qual é a sua história? Você se identifica de alguma forma com as anteriores? Por quê? Escreva.

Perceba que o trabalho, e o excesso dele, assim como a execução de obras sociais e religiosas, passa a ser o sentido de existir de algumas pessoas, gerando valor à vida delas. Ao estar o tempo todo ativo, direcionado apenas a esses sentidos de vida, percebe a relevância a ponto de não se sentir confortável se um dia ou outro não puder trabalhar. Se ocupa com esses afazeres, se possível, dia e noite. Caso tenha outras prioridades alguma vez na vida, se sente culpado, como se estivesse fazendo algo errado, como se não tivesse o direito de descansar, por exemplo, num sábado ou num domingo, se permitindo viver um dia de lazer. Portanto, se estiver "parado", acaba procurando imediatamente o que fazer para se sentir útil e, mais importante, não se dando o direito de relaxar, ou, se estiver relaxado, não autoriza que a sua mente pare e continua pensando em tudo que tem que fazer no dia seguinte ou na próxima semana, se ancorando na desculpa de que tem uma mente estratégica e produtiva.

PROPÓSITO OU MISSÃO? EIS A QUESTÃO

É possível que você tenha nascido para apenas se sobrecarregar, produzir, ocupando todo o seu tempo com trabalho ou obras sociais para se sentir necessário?

De forma geral, as pessoas vivem para os outros, ou vivem para cumprir tarefas ou vivem ocupadas com o trabalho ou obras sociais, porque não conseguem entender seu real propósito de vida.

Uma vida ocupada de forma desordenada pode resultar em uma abundância ou crescimento de conhecimentos, bens materiais, sonhos realizados e uma pobreza de verdadeiros relacionamentos com pais, irmãos, cônjuge, filhos, amigos e sociedade. É possível facilmente preencher a vida com ocupação. Sim, sempre há mais a ser feito, há sempre uma maneira de manter-se ocupado. Se não tomar cuidado, é possível confundir a ocupação com o significado da vida. Muitos vivem assim, buscando preencher o vazio que têm dentro de si com tarefas excessivas, porém, a cada dia, ao amanhecer, começa tudo de novo: a correria, os afazeres de milhares de atividades, para se sentir importante, principalmente para as pessoas que ama. Mas, quando chega o final do dia, vem o esgotamento e a sensação de que nada útil e importante foi realizado, foram atendidas as necessidades diárias, que não levarão

CAPÍTULO 1 - POR QUE VIVER?

a lugar nenhum, porque, no dia seguinte, começará tudo de novo. E a pessoa passa muito tempo, ou até anos, reclamando, transformando a vida em uma lista de verificação de tarefas, que a deixa sem fôlego, com a sensação de uma vida incompleta por fazer tudo a todos, justificando essas atitudes como se fossem em prol do amor.

É preciso acabar com essa confusão mental, exterminar a alienação de que é assim mesmo. Ninguém tem que se adaptar a esse ritmo descompassado, aceitando-o como se fosse normal, porque não é normal. A falta do propósito de vida está fazendo com que as pessoas entrem em desespero, tendo más escolhas, colhendo frutos negativos, gerando marcas e consequências por toda a vida.

Quem não tem o seu propósito de vida claro, não tem o sentido de existir fortificado, essa é a margem suficiente para ter o desejo de não viver. Quando não tem coragem de tirar a própria vida, pede a Deus: tire a minha vida porque não quero mais sofrer, tire a minha vida porque ela não tem sentido, estou sofrendo, é muita dor, são muitas perguntas sem respostas; não vale a pena. Em última esfera, na fuga da realidade, anda sozinho pelas ruas, procurando as respostas que lhe faltam de alguma forma.

Saiba de uma coisa importantíssima: quem tem propósito precisa viver, não pode e não quer morrer, porque precisa realizar e fazer muitas coisas nessa terra, mas pelo sentido certo.

Quanto mais rápido você descobrir o seu propósito de existir, mais assertivo será em todas as tomadas de decisões. É como se o propósito mostrasse a visão da sua vida concluída, ou seja, o seu alvo e todas as suas ações são direcionadas com coerência para esse sentido e, se assim for, fará escolhas pequenas ou grandes para sua vida com congruência, como: o que deve vestir, o que deve comer, que tipo de curso universitário escolher, que profissão seguir, que empresa trabalhar, com quem deve se casar, quais devem ser seus amigos, onde deve morar e assim por diante. Afinal de contas, quem tem propósito não aceita qualquer coisa, não aceita simplesmente o que aparece, como se não tivesse opção; tem o poder de avaliação e de decisão.

PROPÓSITO OU MISSÃO? EIS A QUESTÃO

Como já dizia Thomas Carlyle: "Um homem sem propósito é como um barco sem leme". Conforme as coisas acontecem, a pessoa vai vivendo; na verdade, sobrevivendo. A pessoa que tem propósito não deixa a vida a levar, ela é quem conduz a vida, compreendendo o que é melhor na situação atual.

> **A MAIORIA DAS PESSOAS QUER QUE A VIDA IMPORTE, QUER VIVER POR ALGUM MOTIVO. NOSSO BEM-ESTAR E QUALIDADE DE VIDA DEPENDEM DE ENCONTRAR UM PROPÓSITO, ISSO REVELA O FATO ÓBVIO DE BUSCAR O CRESCIMENTO POR INTEIRO, O QUE É RELEVANTE NÃO APENAS NO DESAFIO DE GANHAR DINHEIRO, TER SAÚDE E RELACIONAMENTOS, MAS TAMBÉM ENCONTRAR UM SIGNICADO PARA SUA EXISTÊNCIA.**
>
> MICHELE LOPES

Para melhor reflexão, descreva o que faz sentido para a sua vida.

CAPÍTULO 2
A IMPORTÂNCIA DO PROPÓSITO

CAPÍTULO 2 - A IMPORTÂNCIA DO PROPÓSITO

Ao longo das últimas décadas, houve uma explosão de interesse sobre o propósito. Veja como alguns profissionais identificam esse assunto:

- ▶ Psicólogos dizem que é o caminho para a felicidade;
- ▶ Cientistas alegam que é algo essencial para a saúde e o bem-estar do cérebro;
- ▶ Especialistas em negócios falam que é a chave para a produtividade excepcional com credibilidade organizacional;
- ▶ Médicos e profissionais da saúde declaram que pessoas com propósito são menos propensas a doenças e até vivem por mais tempo.

Quando os psicólogos dizem que é o caminho para a felicidade, querem dizer que o propósito de vida gera um sentido real para tudo, dando motivos para uma vida produtiva e de realização, com a sensação de sempre estar com o dever cumprido e o coração em paz.

Pessoas com propósito não aceitam a tristeza, a depressão e que a negatividade permaneça em sua vida. O seu foco é olhar do presente para o futuro, e não do presente para o passado de forma negativa, com dor; isso as torna mais positivas, gerando sentimentos de felicidade, gratidão, coragem, que as levam a ter força para continuar.

Quanto mais felizes, mais produtivas elas se tornam e, como numa retroalimentação, quanto mais produtivas pelos motivos certos, mais se sentem felizes, porque têm a fonte de inspiração no cerne da sua alma, o real propósito de existir.

Quando os cientistas alegam que é algo essencial para a saúde e o bem-estar do cérebro, é porque pessoas que têm propósito de vida conseguem compreender que não estão neste mundo como passageiras do destino e sim como condutoras da vida, estão aqui para fazer a diferença e deixarem uma marca positiva nessa terra, provocarem mudanças, levando o bem para si e para a humanidade. Portanto, a mente delas se torna saudável e, naturalmente, se sentem bem consigo mesmas.

PROPÓSITO OU MISSÃO? EIS A QUESTÃO

Pessoas com propósito de vida sabem que precisam ser úteis e importantes, por isso devem ser produtivas, focam na solução e não nos problemas, a mente é ocupada com o que é bom, com o que pode fazer de bom para esse mundo. Não significa que não passam por dificuldades, porém, as encaram como obstáculos que fazem parte da vida, ou caminho a ser percorrido, se posicionando como vencedoras. A mente foca no que é positivo e suas ações são direcionadas por elas, gerando bons sentimentos, que as fazem ter esperança de que dias melhores virão para si e para os demais.

Então, perceba que pessoas com propósito não têm tempo a perder, não deixam a vida passar, não conseguem ficar deitadas na cama sem serem produtivas, pensando nos problemas, remoendo os sentimentos e as lembranças, acusando pessoas, travando a vida no passado e aceitando o que o momento pode oferecer como consequência do seu histórico. São pessoas inconformadas com a mesmice, desejam e buscam mais e melhor, sem egocentrismo, pensando no todo.

Quando especialistas em negócios falam que é a chave para a produtividade excepcional com credibilidade organizacional, querem dizer que pessoas com propósito de vida sabem aonde querem chegar, não estão para "brincar de trabalho", têm comprometimento (diferente de envolvimento). Elas compram a causa e vão até o fim da linha na jornada, até ver o resultado acontecer. Elas não entram nas empresas para trabalhar, entram para fazer a diferença, deixar a marca delas e o seu legado por ajudar o negócio no processo evolutivo.

Pessoas com propósito questionam, analisam e definem o que é melhor para si, escolhem a empresa para prestar os seus serviços diante dos dons que têm e dos talentos que adquiriram ao longo dos anos de desenvolvimento. Não aceitam entrar em qualquer empresa, e sim naquela com a qual se identificam e se conectam com o seu propósito; afinal de contas, sabem que estão aqui neste mundo para fazer a diferença por onde quer que passem. Portanto, empresas que também têm o propósito claro e bem definido para os funcionários, clientes, fornecedores e parceiros chamam atenção de profissionais qualificados, com a mesma visão, conquistando pessoas a longo prazo, com assertividade, sem passar pelos problemas comuns de rotatividade. São pessoas que querem e fazem acontecer.

CAPÍTULO 2 - A IMPORTÂNCIA DO PROPÓSITO

Quando médicos e profissionais da saúde declaram que pessoas com propósito são menos propensas a doenças, e até vivem por mais tempo, querem dizer que as pessoas com propósito têm motivo para viver, precisam realizar, fazer muitas coisas acontecerem, não aceitam morrer, não querem nem desejam a morte, mesmo sabendo que um dia ela chegará.

> **PESSOAS COM PROPÓSITO QUESTIONAM, ANALISAM E DEFINEM O QUE É MELHOR PARA SI, ESCOLHEM A EMPRESA PARA PRESTAR OS SEUS SERVIÇOS DIANTE DOS DONS QUE TÊM E DOS TALENTOS QUE ADQUIRIRAM AO LONGO DOS ANOS DE DESENVOLVIMENTO.**

Essas pessoas sabem o real papel delas neste mundo. Não têm tempo para ficar doentes, pois sentem a necessidade de serem produtivas; nem as doenças conseguem segurar essas pessoas; na verdade, o propósito ajuda a superar as doenças, compreendendo que a saúde é parte vital para prosseguirem com propósito. E mesmo que aconteça de estarem acamadas em um leito, ainda assim executam o seu propósito onde quer que estejam, pois sabem que não ficaram dessa forma em vão, têm um sentido para isso. Pessoas com propósito não se importam com os desafios que estejam enfrentando; sentem como humanas que são, mas compreendem que precisavam estar naquele lugar e momento para fazer a diferença de alguma forma.

Pessoas que têm propósito são resilientes, sentem os impactos da vida, mas, rapidamente, voltam ao estado original. São como aqueles ditados populares: "Sacodem a poeira e seguem em frente" ou "vamos para frente, que atrás vem gente", não permitindo que nada as paralisem. Afinal de contas, estão sujeitas a todas as circunstâncias desse mundo, mas a grande diferença é que entendem que até o que parece ser ruim veio para contribuir para o caminho que devem percorrer. Os obstáculos vieram para trazer aprendizado e evolução. O foco é o alvo, onde querem chegar, no lugar que devem estar e, por esse motivo, continuam conduzindo as suas vidas e jamais deixando ser conduzidas pelas circunstâncias que surgem. Elas são peritas em transformar o que parecia ser ruim em algo que as levam além.

PROPÓSITO OU MISSÃO? EIS A QUESTÃO

Por tudo isso, essas pessoas emitem o tempo todo a mensagem para si e para o universo de que aceitam a vida, assumindo o seu real papel nesse mundo, fazendo a vida valer a pena e deixando o seu legado para as próximas gerações.

▷▷▷

Muitos podem pensar que é interessante aprender sobre o propósito, ouvir falar sobre ele, identificar pessoas que vivem por um sentido real e fazem a diferença. Portanto, ao fazer a autoanálise, certo pensamento pode surgir: deve ser incrível e prazeroso viver o propósito, mas qual é o meu propósito de viver? Não quero apenas conhecer e admirar quem vive, eu quero saber qual é o meu propósito.

Isso é fundamental que aconteça. Onde há incômodo, há o impulso para a busca da resposta. Acredite: você está mais perto do que possa imaginar.

Nessa caminhada, é preciso compreender três passos fundamentais existentes para o processo de reconhecimento do propósito e, assim, vivenciar profunda mudança por um real sentido de existir. São esses:

1. ENTENDER O QUE É PROPÓSITO

2. DESCOBRIR QUAL É O PROPÓSITO

3. VIVER O PROPÓSITO

Ilustração: Freepik

CAPÍTULO 2 – A IMPORTÂNCIA DO PROPÓSITO

Como os três estão interligados, é preciso respeitar essa ordenação, pois não há possibilidade de descobrir o propósito sem ao menos saber exatamente o que ele é, assim como não tem como viver o propósito sem descobri-lo antes, portanto, é impossível pular etapas. Se assim acontecer pela ansiedade, virá a decepção proveniente de vários fatores que provam que a conclusão estava errada. Portanto, neste capítulo, vamos nos ater a entender o que é propósito.

1. ENTENDER O QUE É PROPÓSITO

Muitos não têm o total discernimento e a clareza sobre esse assunto. Podem ter ouvido alguém falar bonito, podem ter participado e assistido a algumas palestras que acrescentam o desejo de viver dessa forma, podem ter lido em algum lugar algo semelhante. Porém, existem muitas dúvidas a respeito.

O QUE É O PROPÓSITO?

Algumas das maiores dúvidas serão esclarecidas a partir de agora, neste e nos próximos capítulos. Entre elas:

- ▶ Temos um propósito ou vários propósitos?
- ▶ Propósito é o mesmo que missão? Qual a diferença entre os dois?
- ▶ A missão é mais importante que o propósito?
- ▶ Quando o propósito surge na vida?
- ▶ Todo mundo tem propósito?
- ▶ É possível que algumas pessoas venham sem propósito neste mundo?
- ▶ E as pessoas maldosas, onde está o propósito delas?

Antes de trazer todas essas respostas, quero contar algo especial sobre a minha vida, um trecho da minha história que iniciou o discernimento sobre propósito, com o qual pude ter a revelação divina sobre tudo o que você aprenderá.

PROPÓSITO OU MISSÃO? EIS A QUESTÃO

Voltemos ao ano de 2010. Eu era uma jovem mulher de 31 anos, casada há oito anos com um homem presenteado por Deus, bem-sucedida profissional e financeiramente; há pouco tempo, havia perdido um bebê de aproximadamente 4 meses devido a uma gestação tubária, tinha meus pais e familiares ao meu redor, uma casa e um bom carro, uma saúde espetacular e uma vida espiritual ativa, fazia trabalhos sociais com crianças, levando fé, amor e esperança aos lares. De certa forma, estava tudo bem, mas um pouco triste porque havia perdido o bebê há dois meses.

Nesse período, fui reconhecida como uma das melhores gestoras da empresa onde trabalhava. Eu e mais nove gestores ganhamos uma especialização de negócios em uma universidade americana, a FCU (Florida Christian University), e ficamos uma semana na cidade de Orlando, nos EUA.

Vivemos naquela universidade grandes experiências, inclusive espirituais. Um dos momentos mais marcantes da minha vida foi em uma das palestras de desenvolvimento pessoal, na qual o reitor Dr. Anthony Portigliatti, com um olhar muito precioso, focou apenas em mim, olhou no fundo dos meus olhos e me fez várias perguntas, com sucessivas respostas que entreguei. Ao final dessa conversa, ele me disse: Michele, você é uma *coach* nata, volte para o Brasil e se especialize nessa área. Foi um momento muito profundo para mim, senti meu coração batendo forte e a minha emoção se alterar positivamente. Sabia que tinha algo especial da parte de Deus.

Os dias passaram e, ao voltar para o Brasil, passamos por outra experiência significativa. Nosso voo tinha uma escala em outra cidade dos EUA e, ao chegar nesse lugar, pediram a todos que descessem da aeronave para uma manutenção necessária. Ficamos ali por 4 horas esperando. Voltamos para o avião e continuamos a nossa viagem.

Ao chegar ao Brasil, próximo ao aeroporto internacional de Guarulhos, o piloto abriu o som da cabine e nos trouxe o seguinte comunicado: "Senhores passageiros, aqui é o comandante, preciso informar que estamos com um grave problema na aeronave, correndo o risco de explosão ao pousarmos em terra, portanto, por não saber o que pode acontecer, peço aos senhores que se preparem".

CAPÍTULO 2 – A IMPORTÂNCIA DO PROPÓSITO

Nesse instante, aeromoças corriam pelos corredores desesperadas, crianças gritavam e choravam, homens e mulheres falavam alto e se levantavam, foi um tremendo choque para todos. Vendo tudo isso, senti a morte se aproximando de mim. Como numa fração de segundos, um filme da minha história passou em minha frente e comecei a pensar em diversas coisas da minha vida: tenho meus pais e pouco dou atenção para eles por ser uma *workaholic*, não tenho cuidado de mim e da minha saúde o suficiente, tenho meu marido, que me apoia em tudo; e não dou o valor que ele merece, eu ainda não tenho filhos e desejo formar a minha família e, por último, pensei: "Se eu morrer hoje, como está a minha vida com Deus, para onde eu vou ao partir?".

Sei que a vida ou a morte não está em nossas mãos, mas, naquele momento, eu queria ardentemente viver, e comecei a clamar a Deus: "Meu Deus, eu não quero morrer, sou muito jovem e tenho muito o que fazer ainda nessa terra, não é possível que o Senhor me levou para viver uma semana de grandes experiências nos EUA para voltar ao Brasil morta, sem poder contar para ninguém o que o Senhor fez em minha vida". Foi aí que fiz uma oração de alma, dizendo assim: "Senhor meu Deus, não me deixe morrer, eu quero viver, se o Senhor me permitir viver, vou viver para cumprir a minha missão nesta terra, pois eu vou entender que a minha vida não é minha, mas é do Senhor, porque me deu uma segunda chance".

E foi assim que aconteceu, o piloto conseguiu pousar em segurança, bombeiros já estavam nos esperando em terra e, rapidamente, saímos da aeronave. Confesso que a minha mente se apagou e não me recordo como saí, só me lembro de encontrar o meu marido na sala de desembarque, dar um grande abraço e pedir para ele me tirar daquele lugar.

Após toda essa experiência, voltei para a minha vida, o meu dia a dia e afazeres. Eu tinha me esquecido da oração e da promessa que fiz a Deus, mas Ele não se esquece. Como está escrito em Mateus 18:18, "tudo o que vocês ligarem na terra terá sido ligado no céu, e tudo o que vocês desligarem na terra terá sido desligado no céu". E as minhas palavras foram ligadas no céu e Deus não se esqueceu.

PROPÓSITO OU MISSÃO? EIS A QUESTÃO

Ao passar duas semanas do episódio, recebi a notícia pelo presidente que a empresa estava pagando um curso de *coaching* para eu fazer por uma instituição brasileira, essa área era ainda muito pequena, poucas empresas tinham força nesse segmento em 2010, pouco se falava sobre essa técnica e esse assunto, praticamente ninguém sabia o que era. Fiz esse curso e fiquei encantada pela forma de trabalhar a mente para alcançar os resultados esperados. Eu me encontrei; lembrei-me da minha promessa a Deus, e pensei: "Será que essa é a forma que Deus está me dando para cumprir a minha missão neste mundo?". Passei a mergulhar na busca desse conhecimento e na aplicação das técnicas, e os resultados começaram a surgir na vida das pessoas, além de aplicar na minha vida e na empresa onde trabalhava.

Nessa trajetória, fui me aproximando do instrutor do curso e da sua esposa, que eram os donos da empresa, fui para o Nordeste com meu marido fazer mais um curso, o de Inteligência Emocional, pois só aconteciam lá. Nesse período, surgiu a seguinte ideia: por que não levar esse curso para São Paulo? Nem todos têm condições de ir para o Nordeste fazê-lo e muitos precisam dessa oportunidade. Não pensávamos especificamente em dinheiro, e sim nas pessoas, como os nossos amigos e familiares, o meu sogro que estava com depressão profunda, lembra? E, assim, fizemos e a proposta, que foi aceita por eles imediatamente. Passamos a planejar, achando que muita gente compraria essa ideia, o que pagaria os custos desse evento contratado corajosamente por nós. Mas, para a nossa surpresa, ninguém acreditava no que falávamos, ninguém comprava a ideia. Mesmo assim, fizemos o curso, por dois motivos: para dar oportunidade para aqueles que amávamos e para honrar a agenda do instrutor que tinha se comprometido com a gente. Foram 42 pessoas nesse evento, sendo apenas 17 pagantes, o restante doação em amor.

Assumimos uma dívida que não tínhamos como pagar a não ser vender o nosso carro. Para a nossa surpresa, no último dia do curso, pessoas vieram e nos questionaram quando seria a próxima turma e nós não tínhamos, pretensão até porque não era o objetivo tornar um negócio, eu estava bem profissionalmente e meu marido também. Mas, diante da dívida, assumimos uma segunda turma e ela pagou a primeira. Foi dessa forma que esse trabalho cresceu: da primeira

CAPÍTULO 2 - A IMPORTÂNCIA DO PROPÓSITO

turma saiu a segunda, que saiu a terceira, e passamos a ser sócios, donos da empresa de São Paulo.

O trabalho aconteceu de maneira extraordinária. Após um ano diante de muitas orações e da confirmação de Deus por meio de diversas situações, respostas e sonhos, eu e meu marido estávamos 100% comprometidos exclusivamente nesse lugar. Passei a ministrar cursos e a fazer atendimentos individuais. Foi um trabalho de muita crença, garimpando um mercado no qual desconhecíamos totalmente os processos. Parecíamos formiguinhas que não paravam dia e noite. Sentia no meu coração que essa era a forma de cumprir aquela promessa de fazer a minha missão neste mundo e ajudar muitas vidas. Era realmente lindo e apaixonante arrebanhar pessoas a viverem uma nova história.

Os anos passaram e essa empresa cresceu de forma exponencial, passou a ter franqueados, com novas estruturas e diretrizes comerciais. Percebemos que os cenários foram mudando para nós; conflitos de visões e interesses foram divergindo, o que nos incomodava, os valores já não eram os mesmos. Continuávamos os trabalhos com muita excelência e comprometimento, porém, passamos a orar a Deus para nos mostrar o que fazer.

Com muito pesar no coração, porém, com o direcionamento de Deus, oferecemos a eles que comprassem a nossa parte, mesmo não sabendo o que faríamos dali para frente, porém confiávamos que Deus nos mostraria e que haveria tempo suficiente para entendermos esse direcionamento na nossa vida. Tínhamos a certeza de que Deus estava no controle de tudo.

A proposta foi aceita com bom grado no primeiro momento, mas na sequência, para a nossa surpresa, em um determinado dia, fomos notificados judicialmente, informando que o nosso contrato havia sido quebrado, rompido com justificativas irreais. O contrato desenvolvido na época era muito fraco e nós dois, eu e meu marido, ingênuos empresarialmente, focados na missão, assinamos sem ter total consciência do que significavam as cláusulas. Como havia uma brecha identificada pelos advogados deles, foi assim que seguiram com essa orientação e perdemos tudo. Um dia, amanhecemos milionários e, no mesmo dia, dormimos miseráveis.

PROPÓSITO OU MISSÃO? EIS A QUESTÃO

Nessa época, já tinha os meus filhos, um casal de gêmeos que estava com um aninho. E chegando à situação de não termos como nos sustentar. Foram muitas dores em todos os sentidos que se possa imaginar, muitos questionamentos, muitas dúvidas, incertezas, porém, uma coisa posso afirmar: Deus nunca deixou faltar. Com o seu socorro, Ele nos sustentou e nos fortaleceu. Por mais que sofrêssemos, não nos arrependemos de nada, pois os nossos valores eram mais importantes do que ter uma vida profissional de status, muito dinheiro que não estava trazendo paz, até porque, o que sempre nos levou a realizar tudo o que realizamos foi a nossa missão. E da forma como estava acontecendo, em uma experiência com Deus, ele me questionou: quem tem sido o seu Deus, eu ou ele? A quem você tem obedecido? Será que da forma como tudo está caminhando, agrada o meu coração?

Honramos até o último minuto do prazo que nos deram para permanecer com a empresa; entreguei o meu melhor a todos os alunos até o último minuto de curso ministrado, sendo aplaudida em pé pela última turma como forma de gratidão por não deixar a desejar, mesmo diante da circunstância. Foram três meses de muita luta, no entanto, no último curso de inteligência emocional que fizemos levamos 4.500 pessoas, detalhe, esse curso era o mesmo que fizemos primeiro com 42 pessoas, sendo apenas 17 pagantes. Foram muitos os desafios nessa fase da nossa vida.

Por que estou contando essa história? Para dar o embasamento ao que quero dizer agora.

Quando perdemos tudo, e quando digo tudo, foi tudo mesmo, em dinheiro foram milhões e milhões de reais, todo o trabalho de uma vida inteira de antes e depois desse negócio. Perdemos os nossos sócios que eram amigos/irmãos para nós, eu os amava profundamente, um amor de alma. Perdemos o respeito pelas pessoas, foram muitas mentiras ditas, calúnias, invenções de diversos tipos e sentidos, o nosso caráter, idoneidade foram colocados em jogo, nossa fé ficou abalada assim como as nossas emoções foram profundamente mexidas. Tentaram acabar com a nossa imagem diante dos nossos alunos e mercado. Foram muitas traições. Amigos se afastaram e percebemos que eram apenas relações de interesses.

CAPÍTULO 2 - A IMPORTÂNCIA DO PROPÓSITO

Por outro lado, tivemos pessoas que nos apoiaram muito, que sabiam da real verdade e que oraram por nós, nos deram palavras de conforto e ânimo, direcionamentos diante da mente perdida e confusa que estávamos, nos sustentaram com alimento do corpo, da alma e do espírito. Três fatores não nos deixaram cair e tirar as nossas próprias vidas: Deus, família e o conhecimento sobre a inteligência emocional. Por diversas vezes, eu me questionei: para que viver? Por que estou passando por tudo isso? Onde eu errei? O que eu fiz para merecer isso? Não como um comportamento de vítima e injustiçada, mas sim, uma posição de necessidade de entender os porquês, clarificando o sentido para tudo que estava acontecendo.

Porém, o que mais me doeu, o que mais trouxe impacto para mim, Michele Lopes, ainda assim, não foi tudo o que disse anteriormente, e sim o que vou dizer agora.

Quando tudo aconteceu, o meu chão caiu, eu me vi, literalmente, sentada em uma sarjeta, com uma dor profunda na alma por causa da traição e o principal questionamento: o que eu vou fazer da minha vida? Eu fiz uma promessa ao Senhor naquele avião de cumprir a minha missão de vida e havia encontrado a forma por meio daquela empresa, ela era o caminho, por meio dos serviços prestados cumpria a minha missão. Existiam dois fatores que aconteciam: 1. o que acontecia da porta para fora e 2. o que acontecia da porta para dentro. Da porta para fora (nos eventos com os alunos), sentia que a missão estava acontecendo e era isso que me encantava, que me conectava com Deus, mas, o que acontecia da porta para dentro (nos bastidores como empresa) me destruía emocionalmente. Perante a atitude que tomaram, só comprovaram o que tínhamos como percepção do negócio.

Sabia que Deus me mostraria; porém, como a mudança aconteceu de forma bruta e inesperada, senti que havia perdido completa e exatamente a única coisa que me fazia honrar a Deus, sem tempo d'Ele mostrar outra forma para continuar executando a minha missão. Sabia que Ele não me deixaria em nenhum momento sem resposta e apenas confiei. Confesso que não foi desafiador viver o que vivemos, e sim extremamente difícil. Senti a dor profunda do abismo, da escuridão que um ser humano pode viver. Por isso, eu sei o que você pode estar sentindo agora.

PROPÓSITO OU MISSÃO? EIS A QUESTÃO

Em uma madrugada, eu estava escrevendo o conteúdo da minha tese de doutorado, a qual fazia naquele período em que tudo estava acontecendo, estava triste, desesperada, angustiada e perdida, então orei a Deus e disse: "E agora, Deus, me mostre o que fazer, como vou continuar cumprindo a minha missão de vida se ela me foi tirada?".

Então, Deus falou ao meu coração dizendo: "Filha, quem disse que eu dei a você uma missão de vida? Eu não te dei uma missão, eu te dei um propósito de existir, você nasceu para cumprir um propósito aqui na terra. Você terá diversas missões para executar dentro do seu propósito. Agora, nesse novo tempo, eu te dou novas missões profissionais mediante o seu propósito".

Chorei e me alegrei porque Deus estava me revelando o sentido da vida, Ele estava me enchendo de fé e esperança, mas não tinha ideia da grandeza do que faria ainda por meio da minha vida.

Foi nesse instante que muitas coisas começaram a fazer sentido, passei a escrever parte da minha tese de doutorado sobre propósito e muitas outras revelações surgiram. Criei o meu curso *(Re)significar*, no qual levo as pessoas a descobrirem o seu propósito de vida, se conectando consigo mesmas, fortalecendo o seu "eu" e elevando a espiritualidade, de forma tão profunda como nunca haviam vivido antes. As pessoas saem transformadas, libertas e verdadeiramente ressignificadas. Isso é incrível e poderoso!

Hoje, eu entendo que precisei passar por toda dor, sofrimento, angústia, medo, entre outros sentimentos para que eu pudesse estar aqui gerando essa oportunidade de vida a tantas pessoas como você.

Sugiro que pare um pouquinho e escreva que fichas caem para você nesse momento? O que você começa a entender sobre a sua vida?

CAPÍTULO 3
A DIFERENÇA DE PROPÓSITO X MISSÃO

CAPÍTULO 3 – A DIFERENÇA DE PROPÓSITO X MISSÃO

Para esclarecer, vamos entender com mais detalhes a diferença entre propósito e missão.

O propósito é a razão pela qual nascemos, e pode ser o que nos faz levantarmos da cama todas as manhãs. O propósito é o que nos move, que gera vida e entendimento sobre a nossa existência. Ele nos direciona para onde devemos ir, o que e como devemos fazer. Uma pessoa que tem propósito precisa realizar, ela não consegue deixar a vida a levar; ao contrário, ela é quem conduz a sua vida porque sabe aonde deve chegar. "Ter uma razão para se levantar todos os dias pode não só adicionar anos à sua vida, mas também vida aos seus anos" (RICHARD J. LEIDER).

Quem tem propósito não se entrega às doenças, porque sabe sobre sua utilidade, seu valor e sua importância. Por esse motivo, menos doente fica. Quem tem propósito tem desejo de viver, viver muitos anos fazendo a diferença neste mundo. Não se permite perder tempo com coisas improdutivas, que não vão agregar valor à sua vida. Escolhe com quem conversar, quem serão os seus amigos, que tipo de leitura e cursos fazer, quais músicas ouvir, escolhe quais alimentos consumirá que a farão bem e viver muitos anos. Ela escolhe com quem casar, se será uma pessoa que contribuirá para que o seu propósito seja realizado aqui na Terra. Se, ao perceber que esse possível companheiro(a) interromperá ou inibirá suas atuações significativas, reconhece que não é a pessoa ideal e continua em busca daquele que agregará valor à sua vida.

Quem tem propósito não aceita qualquer coisa, decide o que quer e o que não quer. Mesmo que para o mundo a escolha pareça ser inaceitável e inconcebível, para ela faz todo sentido. Por exemplo, pode surgir uma proposta de emprego para morar em um país de primeiro mundo ganhando um valor exorbitante, com todas as regalias que podem ser oferecidas. Ao avaliar, perceberá que não condiz com a sua vida e o que faz sentido de existir, e naturalmente, conseguirá dizer "não" sem dificuldade, porque perceberá que, aceitando essa proposta, será infeliz. Sabe que não condiz com o que está dentro do seu coração. Mas é claro que, se a proposta for extraordinária e condizente, aceitará com tranquilidade e paz. Por sua vez, se por ventura receber uma proposta para fazer um trabalho missionário em um país precário, onde poderá explorar os seus dons e talentos diante dos estudos e preparos que teve ao longo dos anos, perceberá que, mesmo ganhando menos, deixando o seu conforto e conquistas no país no qual construiu inicialmente a sua história, conseguirá dizer "sim" e mudar o rumo da sua vida, pois identificará que para ela tem sentido, mesmo que as pessoas a critiquem, dentro de si saberá o que está fazendo, e, para ela, é o que a move.

O propósito nos faz viver ativamente os nossos valores, reconhecendo o que de fato é importante e considerável na vida. Ele nos ajuda a inclinarmos em compaixão pelos outros, vivendo desvinculados do egocentrismo e em comunhão com o mundo, contribuindo para um mundo melhor, mesmo que seja no seu próprio mundo, no qual os seus braços alcançam. O propósito dá significado e sentido à vida.

As missões são as formas que desenvolvemos para realizar, concretizar e materializar o nosso propósito. O propósito é fundamental, mas sem as missões, não conseguimos concretizá-lo. As missões são as múltiplas tarefas, as atividades, o meio para a elaboração: projetos sociais/comunitários, trabalhos religiosos, trabalhos profissionais, a própria responsabilidade de educar e ensinar os filhos. Em todos esses momentos, é exigido o agir, o esforço e a dedicação da pessoa para ver a obra realizada.

O propósito está no cerne da alma, é o que gera vida e impulsiona a viver, fazer e realizar. Como pode ver na imagem a seguir, assim como um iceberg, as pessoas veem apenas a ponta que está do lado de fora, que podemos classificar como as missões, isso sim é possível ver. Os nossos olhos não conseguem transcender as profundezas do mar, mas é a estrutura que está por baixo, ou melhor, dentro, que podemos classificar de propósito, ela é quem sustenta toda a parte externa, a que se vê.

Perceba na figura que, quando enxergamos o todo, podemos detectar que a parte de fora é muito inferior ao tamanho da parte de dentro. Assim é o propósito em nossas vidas. O propósito está dentro de nós. Não é possível pegá-lo e apalpá-lo, mas se sente, é forte o suficiente para

CAPÍTULO 3 – A DIFERENÇA DE PROPÓSITO X MISSÃO

sustentar a vida, como também as missões que são realizadas.

As missões, comparando com a imagem, parecem ser tão pequenas, porém são tão importantes e fazem sentido com o propósito. É por esse motivo que se, em algum momento, estamos realizando algo que nos incomoda, é sinônimo de que essa missão não se conecta com o propósito. A nossa estrutura interna, o propósito, vai gerar e anunciar, de alguma forma, que algo está errado. Por sua vez, se estamos cumprindo alguma missão que está difícil, porém, tem fundamento no propósito, a estrutura interna, o propósito, vai anunciar, dizendo para nós: fique firme e forte, mesmo diante dos desafios, é preciso continuar e seguir nesse sentido. Com isso, mesmo em meio às circunstâncias, geram dentro de si a certeza e a segurança de estar no caminho certo.

> O PROPÓSITO NOS FAZ VIVER ATIVAMENTE OS NOSSOS VALORES, RECONHECENDO O QUE DE FATO É IMPORTANTE E CONSIDERÁVEL NA VIDA. ELE NOS AJUDA A INCLINARMOS EM COMPAIXÃO PELOS OUTROS, VIVENDO DESVINCULADOS DO EGOCENTRISMO E EM COMUNHÃO COM O MUNDO.

Ilustração: Freepik

PROPÓSITO OU MISSÃO? EIS A QUESTÃO

Compreendendo a história pessoal que contei no capítulo anterior, nós nascemos com um único propósito de vida e, ao longo da nossa jornada, podemos ter várias missões como meio de cumprir o nosso propósito. E várias missões ao mesmo tempo.

Veja a imagem a seguir.

MISSÃO	MISSÃO	MISSÃO	MISSÃO	MISSÃO
RELIGIÃO	SOCIEDADE	TRABALHO	FAMÍLIA	AMIGOS

← PROPÓSITO →

Nascemos com e por um propósito, e vamos morrer com ele.

Agora, as missões podem ter começo meio e fim, é por esse motivo que, profissionalmente, uma pessoa pode perceber que, após tantos anos trabalhando em uma determinada empresa, a qual parecia estar tudo bem, começa a se sentir incomodada, como se não tivesse mais nada especial a realizar ali e descobre que está na hora de mudar de emprego e buscar outras possibilidades. Isso é sinônimo de que a missão dela naquele lugar foi concluída e precisa realizar uma nova missão.

A mesma coisa pode acontecer sobre a missão religiosa. Uma pessoa que está dentro da sua instituição religiosa, fazendo um trabalho com crianças, por exemplo, começa a ficar incomodada, como se tudo que poderia fazer naquele departamento foi realizado, agora precisa de um novo desafio e parte para trabalhar com grupos de casais.

Perceba que não tem nada de errado nesse sentido, apenas a missão foi concluída e virão novas missões. Por esse motivo, é importante estar desapegado dos fatores, dos vínculos emocionais materiais.

Vou citar aqui outros exemplos.

Um profissional que chegou a um determinado nível hierárquico dentro da empresa percebe que fez um excelente trabalho corporativo,

CAPÍTULO 3 – A DIFERENÇA DE PROPÓSITO X MISSÃO

agora é só dar continuidade. A empresa, por sua vez, o realoca para assumir outra unidade de negócio. Podemos concluir que, dentro da própria organização, ele está seguindo para uma nova missão e está tudo bem deixar aquela unidade de negócio.

Da mesma forma, um pai de família que tinha seus filhos pequenos se adaptava a uma forma infantil de educá-los, cumprindo a sua missão, porém os filhos cresceram e ele tem a missão de educar adolescentes. É um progresso natural da vida, que vai se adequando para continuar realizando o propósito. Todos esses exemplos de pessoas passam por esse processo de forma consciente.

Vou citar mais exemplos.

Caso um líder de uma ONG que passa a ser substituído por outra pessoa, como também no caso de um profissional ser demitido ou ainda um líder religioso ser afastado, com esse entendimento, a visão que podemos ter é que o prazo-limite para o que se fazia foi concluído e agora virá uma nova missão, sem ofensas, mágoas, rancores, ranço, raiva, tristeza, decepção, injustiça, entre outros sentimentos ruins. Da mesma forma, a própria pessoa pode entregar os seus cargos com paz no coração por saber que chegou o tempo certo para o novo diante do propósito.

Tenho duas frases importantes que quero compartilhar agora e tenho certeza de que vão impactar você.

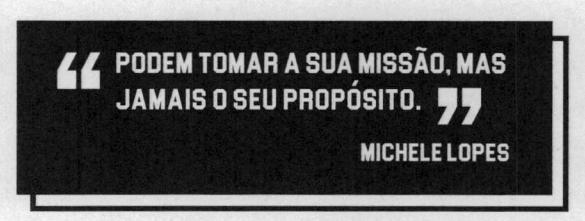

> **" PODEM TOMAR A SUA MISSÃO, MAS JAMAIS O SEU PROPÓSITO. "**
> **MICHELE LOPES**

Tenho experiência de causa sobre o que estou dizendo. Foi tirada de mim a minha empresa, que construí por muitos anos, com amor e dedicação. Aparentemente, tentaram tirar a "minha vida", ou seja, o meu sentido de viver, que fazia a diferença neste mundo ajudando muitas pessoas. E por algum tempo, sem eu ter o discernimento do que estamos falando aqui, de certa forma, conseguiram. Quando tive a revelação de Deus que a minha vida não se atrelava a uma missão específica, que o meu sentido de viver não era a empresa, e sim algo muito maior, houve em mim a libertação.

PROPÓSITO OU MISSÃO? EIS A QUESTÃO

Como as missões são físicas, materiais, terrenas e humanas, podem tentar e até conseguir tirá-las de nós, mas não podem tirar nosso propósito, porque está dentro de nós, foi Deus quem nos deu. Ninguém tira o que Deus nos deu. Sendo assim, pode ter acabado uma missão porque a tiraram de nós, então uma nova se inicia, que está diretamente ligada ao nosso propósito. E está tudo bem assim.

E, se por ventura Deus permitiu que isso acontecesse, é sinal de que Ele sabe o tempo certo de todas as coisas e, com certeza, aquela missão tinha que ser concluída. E se não foi por você que estava apegado a ela e não quis entender os sinais, provavelmente teve que ter uma interrupção mais abrupta, pois o novo tinha que vir sobre a sua vida.

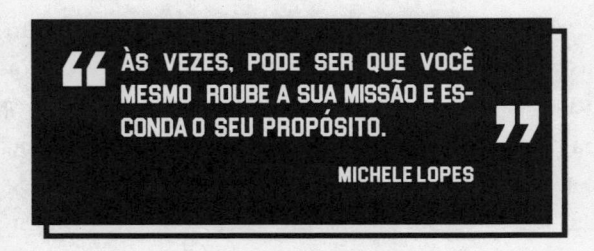

> **ÀS VEZES, PODE SER QUE VOCÊ MESMO ROUBE A SUA MISSÃO E ESCONDA O SEU PROPÓSITO.**
> MICHELE LOPES

Isso significa que muitas vezes o problema não é o que o outro faz conosco, e sim o que nós fazemos com a gente. Ao descobrir o nosso propósito, ele pode causar receio, pois junto dele vem a responsabilidade em cumprir algo importante e especial neste mundo.

O que algumas pessoas fazem é tentar esconder o propósito, alegando a si mesmas que não estão tão certas, deixando-se levar por um engano mental de autossabotagem para continuar vivendo uma vida acomodada e sem sentido, que para si é desconfortável, mas é conhecida e segura.

Se assim viver, não é preciso se dispor e utilizar a sua energia para realizar algo significativo e relevante, que é a missão; querendo ou não, dará algum tipo de trabalho que não estava acostumado.

É por isso que existem pessoas que escondem o seu propósito e roubam de si a oportunidade de realizar algo importante para a humanidade.

CAPÍTULO 3 – A DIFERENÇA DE PROPÓSITO X MISSÃO

MISSÃO E MISSÕES

É possível também compreender que podemos fazer muitas missões ao mesmo tempo, não necessariamente é preciso focar em uma missão de cada vez. Algumas pessoas atrelam a missão apenas às questões profissionais. Por que isso acontece? Profissionalmente, passamos a maior quantidade de horas do nosso dia trabalhando, sendo assim, fica clara a percepção da execução das tarefas que vão gerar resultados e, assim, colherão benefício do fruto; porém como dito no capítulo anterior, se vincularmos a nossa missão apenas na carreira profissional, seremos materialistas e arraigados com apego por criar falsa ilusão mental de que esse é o sentido de viver. É necessário entender que a profissão, carreira, empresa e negócio representam mais uma missão dentre as muitas que temos. Ela é sim importante e pode se destacar mais que outras, porém, não é o todo.

Veja alguns exemplos de missões: instituição religiosa, sociedade — como ONGs —, profissão sendo carreira e empresa, família com pais, irmãos, filhos, esposo(a), amigos entre outros.

Como podemos cumprir o nosso propósito por meio das missões?

Segue exemplo.

PROPÓSITO: LIBERAR A CURA FÍSICA, EMOCIONAL E ESPIRITUAL POR MEIO DA MÚSICA

ÁREA: RELIGIÃO	ÁREA: SOCIEDADE	ÁREA: PROFISSIONAL	ÁREA: FAMILIAR	ÁREA: AMIGOS
MISSÃO: LOUVOR INFANTIL ★	MISSÃO: TRABALHOS PONTUAIS VOLTADOS A CRIANÇAS ★	MISSÃO: ENFERMEIRO ALA INFANTIL UTI ★	MISSÃO: ENSINAR E EDUCAR OS FILHOS CANTANDO ★	MISSÃO: REUNIR OS AMIGOS NUMA RODA DE MÚSICA ★
MISSÃO: LOUVOR ADULTO ✗	MISSÃO: CANTAR NOS HOSPITAIS 1 VEZ POR SEMANA ★	MISSÃO: MINISTRAR CURSOS PARA ENFERMEIRO ★	MISSÃO: ENCONTROS DE FAMÍLIA, SEMPRE FALAR E CANTAR ★	
MISSÃO: LOUVOR GRUPO DE CASAIS ✗		MISSÃO: ENFERMEIRO ALA ADULTA ★		

PROPÓSITO OU MISSÃO? EIS A QUESTÃO

Perceba que o propósito é o que movimenta todas as missões, é a matriz, o princípio que sustenta as missões. No exemplo citado, perceba que são várias as áreas que compõem as nossas vidas e o propósito pode ser exercido sobre todas elas. Dentro de cada área, podemos realizar várias missões, incluir e excluir quando identificar necessário, pois têm um tempo determinado para existir. Porém, o propósito permanece e não muda, estará conosco o tempo todo.

As imagens que têm um X (xis) indicam sinal de que um dia foram praticadas as missões, hoje não mais. As que estão com estrela, sinal de que as missões estão sendo efetivadas nesse momento. É possível identificar que têm várias missões sendo executadas ao mesmo tempo em áreas diferentes, fazendo sentido com o propósito.

Mais uma vez, falarei a meu respeito como exemplo. Hoje eu sei qual é o meu propósito: fazer com que pessoas sejam exatamente o que nasceram para ser.

Lembrando que faço isso em primeiro lugar na minha vida e, por esse motivo, consigo fazer na vida das pessoas. Você entenderá melhor no capítulo "Propósito e Espiritualidade".

Quando estou com os meus filhos na educação diária, ensino a serem o que nasceram para ser, fortifico-os emocional, intelectual e espiritualmente para serem pessoas preparadas a também realizarem o propósito deles. Quando estou com meus pais, irmã e outros familiares, à medida que precisam, eu os ajudo a enxergar quem são e o poder que existe dentro deles, da mesma forma com meus amigos. Quando fazia um trabalho forte social com crianças de rua, também as ajudava a deixarem o engano mental das circunstâncias que viviam, mostrando que poderiam ser seres humanos extraordinários. Da mesma forma, nos diversos trabalhos que fiz na igreja. Profissionalmente, me direciono em cada atividade: quando estou ministrando o meu curso *(Re)significar*, conduzo as pessoas à grande descoberta e recebo o tempo todo pessoas chorando e me agradecendo pela oportunidade de transformação e cura. Esse curso tem como principal motivo levar as pessoas a construírem ou reconstruírem a sua identidade emocional,

CAPÍTULO 3 – A DIFERENÇA DE PROPÓSITO X MISSÃO

além de descobrirem o seu propósito de vida e a desvendarem o mistério da inteligência espiritual na ciência. Quando estou fazendo os meus atendimentos individuais, seja em processos de *coaching* ou no *mentoring*, não saem sem descobrir quem realmente são. Nos atendimentos em empresas, por meio das consultorias ou mentorias, levo os profissionais a descobrirem o potencial que têm, nos demais cursos que ministro da mesma forma. Sou autora de livros infantis e o mesmo faço com as crianças e, agora, aqui, por meio deste livro, gero a oportunidade da descoberta. Isso é incrível!

Perceba que podemos, por meio do nosso propósito, realizar muitas missões ao longo da nossa vida e em várias áreas. Algumas missões entram e agregam valor, outras vão embora, porque foram concluídas. E o propósito permanece ao longo da nossa jornada.

Concluindo, veja as diferenças na tabela a seguir.

PROPÓSITO	MISSÃO
Está no cerne da alma, dentro da pessoa.	Faz parte do propósito e das ações.
Inspira a viver.	Instiga a realização.
Dá sentido à vida.	É o caminho, a forma como será concretizado o propósito.
Diz por que você veio ao mundo.	Diz o que você precisa fazer.
Ele é único, constante e inegociável.	São várias missões no decorrer da vida até chegar ao propósito.
De você para com você.	Pode ser em conjunto com outras pessoas.
Ele nasce, permanece e morre com o ser.	Tem começo, meio e fim, sua execução.

PROPÓSITO OU MISSÃO? EIS A QUESTÃO

Dessa forma, perceba que o propósito é único, individual e para a vida toda. Não temos como compartilhar o nosso propósito ou pedir que outra pessoa o viva na íntegra por nós, porque cada um foi criado por um motivo específico e especial. O que podemos fazer é nos identificarmos com o propósito de outras pessoas, até mesmo empresas e organizações; podemos admirar e compactuar da visão e nos unirmos em algumas missões. Porém, é importante entender que, dentro da missão que decidimos compartilhar juntos, uma pessoa executará com a finalidade do seu propósito, e a outra, com a finalidade do propósito dela.

Compreendido que o propósito é único, específico e individual na vida, qual é o momento em que as pessoas descobrem o seu propósito? Onde o encontrar?

Todos estão no plano terreno porque um dia nasceram; por um determinado tempo, têm a estada aqui na Terra e um dia vão morrer fisicamente. Enquanto estamos aqui, é possível acreditar que somos apenas passageiros do destino? Será que viemos apenas para sobreviver? Ou viemos apenas para trabalhar, comprar/consumir, comer, dormir, procriar e coisas desse tipo? Se for verdade, tudo isso é muito sem sentido.

Trago uma metáfora para uma melhor compreensão. Toda criança, ao nascer, a primeira coisa que faz é respirar. O oxigênio entra em seus pulmões e todos os órgãos se movimentam, dando sequência à vida. O ar passa a ser o sinônimo da vida. O interessante é que o bebê não tem consciência que está respirando, não sabe que essa é sua principal fonte de energia. Com o passar dos anos, vai criando maturidade e percebe que respira, porém, não entende sobre a complexidade do sistema respiratório, assim como a importância e o resultado que gera na vida. Em determinado período, se tem oportunidade de estudar e buscar conhecimento, a escola com, todo entendimento sobre a maturidade da criança, define o momento certo do aprendizado sobre o assunto. Nesse instante, a sua grande descoberta de, como funciona o seu organismo e o quanto é precioso. A tendência natural é que essa criança cresça, se torne um adulto até chegar à velhice e, momentos antes de partir desse plano terreno, a última coisa que fará é dar o último sopro de vida.

CAPÍTULO 3 – A DIFERENÇA DE PROPÓSITO X MISSÃO

Costumo dizer que a respiração é a nossa melhor amiga, é a primeira que entra em nossas vidas e a última que vai embora, ou seja, passa por toda a nossa trajetória, nos acompanhando e jamais nos deixando até o último segundo de vida, seja na alegria ou na tristeza, na saúde ou na doença, ela é fiel até o fim.

Veja a imagem.

PROPÓSITO E RESPIRAÇÃO (VIDA)

NASCE — MATURIDADE — MORRE

Ilustração: Freepik

Se assim comparamos com o nosso propósito, é o primeiro que entra em nossas vidas e o último que vai embora. Por toda a nossa existência terrena, nos acompanhará. Podemos não ter consciência, mas estará lá desde nosso nascimento. O grande momento da descoberta é no período da maturidade humana, quando desenvolvemos o autoconhecimento, a real compreensão da nossa história, o porquê vivemos e, principalmente, sobre quem nós somos. Precisamos estar preparados para entender e ter a certeza do motivo pelo qual nascemos. Infelizmente, muitos partem deste mundo sem essa descoberta, por diversos motivos, podendo ser entre eles: o não interesse em descobrir ou não saber da importância, por não buscar conhecimento e o autoconhecimento, por não se permitir passar pelo processo de evolução, por não ter paciência de esperar o tempo da maturidade e até mesmo romper com a vida humana. Por toda a nossa existência, o propósito estará nos acompanhando até o último fôlego de vida. E se assim vivermos, honrando a existência do propósito em nós, chegaremos ao final sem nos arrependermos do que fizemos e do que não fizemos, com um completo sentimento de que valeu a pena viver.

Portanto, o propósito é vivido por toda a vida, ao acordar, ao dormir, ao se alimentar, ao praticar uma atividade física, ao trabalhar, ao simplesmente existir. Por esse motivo, deve ser vivido no hoje, na caminhada da vida, e não somente quando chegar a um objetivo. O propósito não é a conclusão da minha vida, e sim cada passo dado a cada dia. Se assim fizermos, saberemos para onde o agora estará nos levando. Ele dará a direção, permitindo priorizar e fazer escolhas-chave para o dia a dia.

Acredite, se por ventura até hoje você não tenha descoberto o seu propósito, é porque estava ainda na preparação do amadurecimento. Nenhum fruto cai da árvore antes do tempo. Continuemos na preparação da descoberta do propósito.

Descreva qual a importância do que falamos para a sua vida e o que mudará a partir de agora.

CAPÍTULO 4

IMPEDIMENTOS QUE O DISTANCIARAM DO PROPÓSITO

CAPÍTULO 4 - IMPEDIMENTOS QUE O DISTANCIARAM DO PROPÓSITO

Nós não somos um acidente. Você não é um acidente. Acredite! É preciso buscar um sentido para existir, e esse sentido está dentro de nós, está dentro de você. Ninguém veio a este mundo por um simples acontecimento, não nascemos em vão, não viemos por um acaso. Mesmo que alguém tenha dito isso a você, não é verdade.

É possível que esteja pensando: vim de uma gravidez indesejada, não fui amado, não fui planejado, meus pais eram jovens demais quando engravidaram de mim, vim de um estupro, de um abuso sexual, fui adotado, não conheci meus pais biológicos, me deixaram em um orfanato, morei sozinho na rua, me perdi dos meus pais, fui sequestrado ainda criança, me acharam numa lata de lixo, entre tantas possibilidades que podem ter acontecido. Ainda assim, tinha um motivo pelo qual você nasceu.

Os pensamentos podem continuar em conflito te dizendo: sempre ouvi que eu era um peso para a minha família, que só causava problemas e que atrapalhei e atrapalho até hoje a vida dos meus pais; se eu não tivesse nascido, a vida deles seria diferente, nunca me senti querido, amado, importante. Mesmo assim, você não está neste mundo em vão.

Talvez possa estar pensando: eu sofri muito desde a minha infância, fui muito doente, nasci com alguma síndrome, quase morri no parto, tomei muitos remédios, fiz diversos tratamentos e cirurgias, não pude ser uma criança comum, que brincava e estudava normalmente, tive que cuidar dos meus irmãos quando criança, tinha responsabilidade de adulto em casa, trabalhei pela troca de comida e moradia, vivi num lar violento, era espancado todos os dias, via minha mãe apanhar do meu pai, convivi com alcoólatras e viciados em drogas, cigarros, prostituições e traições, minha família e o meio onde morava eram de pessoas que roubavam e assassinavam, fui abusado sexualmente por adultos da minha família ou da minha convivência, fui abusado sexualmente por outras crianças (os meus amiguinhos e priminhos), fui estuprado, convivi em ambientes pérfidos, como prostíbulo, fui vendido, tive diversos traumas, sofri bullying na escola, em casa, na minha família, tive déficit de atenção, depressão, síndrome do pânico e ansiedade, sofri um acidente e tenho deficiência, me automutilo e tentei, por diversas vezes, suicídio. Independente de qual é o seu caso, ainda assim era preciso você vir a este mundo.

Para que entendamos melhor, é preciso compreender esse versículo que está na Bíblia Sagrada, escrito em Jeremias 1:5: "Antes que o fizesse no útero da sua mãe, eu o escolhi. Antes que você nascesse, eu o separei para uma obra especial". Isso significa que, sendo projetados ou não por nossos pais biológicos, alguém maior e superior de todos os seres viventes nos planejou. Fomos sonhados por alguém divino e especial que consegue enxergar o todo e não apenas as partes, esse alguém se chama Deus, Ele é o seu verdadeiro Pai Eterno, o grande Eu Sou que tem todo o poder e compreensão de todo o universo, o poderoso arquiteto da vida e que sabe de todas as coisas e, para Ele, tudo tem um sentido especial.

Deus sonhou com você, Ele te escolheu e te colocou no ventre da sua mãe naquela circunstância pela qual você nasceu, isso não faz Ele te amar menos ou mais, simplesmente mostra que sabia o que estava fazendo, era preciso você ter nascido naquela família, por aqueles pais, naquelas condições financeiras, sabe por quê? Porque Ele te separou para uma obra especial e essa obra é o seu propósito de vida e era preciso você passar por todas as experiências que somente você viveu e você sabe.

O fato é que, talvez, até hoje, não tínhamos condições de compreender dessa forma; todas os fatores da vida nos conduziram a seguir por um caminho que nos desvirtuou daquilo que Deus tinha projetado para nós. Existe no universo uma luta, uma guerra entre o bem e o mal, e o mal não quer que o bem prevaleça sobre as nossas vidas, o objetivo do mal é nos dominar, assim como a todos neste universo e, por ingenuidade, imaturidade ou até mesmo ignorância do ser humano, muitos caem na cilada da força do mal usando o poder do livre-arbítrio para fazermos as nossas escolhas. Porém, se forem escolhas baseadas em dores do passado por ainda não existir a cura interna, sem uma visão holística que detecta o sentido de tudo o que aconteceu referente ao passado, presente e futuro, acaba agindo baseado nas emoções instantâneas negativas, como: raiva, medo, insegurança, inveja, ciúme, ganância, não merecimento, entre outras que nos distanciam da

CAPÍTULO 4 – IMPEDIMENTOS QUE O DISTANCIARAM DO PROPÓSITO

liberdade de viver o real sentido da vida. Como marionetes, somos conduzidos pela força do mal e, o pior, sem ter consciência. Porém, a partir de agora, passamos a ter a revelação e ela gera a libertação.

> **DEUS SONHOU COM VOCÊ, ELE ESCOLHEU E COLOCOU VOCÊ NO VENTRE DA SUA MÃE NAQUELA CIRCUNSTÂNCIA PELA QUAL VOCÊ NASCEU, ISSO NÃO FAZ ELE TE AMAR MENOS OU MAIS, SIMPLESMENTE MOSTRA QUE SABIA O QUE ESTAVA FAZENDO.**

É preciso saber que existe um motivo real pelo qual existimos. Não foi em vão termos nascido nessa época em que estamos. Nós estamos agora aqui para impactar e mudar essa geração. Mesmo que acredite em reencarnação, agora é o tempo, agora é o momento certo, nem antes, nem depois, portanto, quanto mais rápido entendermos tudo sobre o nosso propósito de vida, mais poderemos fazer por nós e pelas pessoas que estão ao nosso redor. Para isso era preciso termos nascido na nossa família, mesmo que tenha sido, na nossa visão, uma família complicada, com discórdias e desentendimentos, brigas e contendas; essa experiência, somente nós teríamos que viver para trazer a mensagem certa. Se, por ventura, se alguém em uma família equilibrada, estruturada com princípios e valores alicerçados, também era necessário, para sua evolução, para a diferença que precisava fazer neste mundo, compreende? Isso é muito profundo.

Nascemos no país certo, na cidade certa, na região certa, na cultura certa, mesmo que o nosso coração muitas vezes tenha tido o desejo de ter nascido em outro lugar; essa experiência somente nós deveríamos passar, mesmo que, na caminhada da globalização, não se encontre mais no país e na cultura que foi criado – acredite! – era preciso vivenciar tudo isso para a composição do nosso ser, da nossa identidade e, assim, chegar cada vez mais no ponto exato de concluir com excelência os planos daquele a quem nos projetou. Nada foi em vão.

Todas as condições financeiras que enfrentamos desde a nossa infância não foram sem sentido. Ter nascido naquela casa com muita fartura, prosperidade e recebido todas as condições financeiras para se tornar quem é hoje foi preciso, seja grato e receba por, mais que esteja pensando que muito dinheiro trouxe inúmeros prejuízos; lembrando: era preciso ter essa experiência. Inclusive receber a herança vinda dos antepassados é um direito que foi dado a nós, cuidado em rejeitar o que foi planejado por Deus, analise se é algo bendito e receba. Quanto a isso, pode ser que a nossa história seja diferente. E ao nos colocarmos no lugar de pessoas que tiveram condições financeiras aparentemente melhores que a nossa, podemos imaginar que essas tenham vivido melhor que nós. Cuidado com o julgamento, cada um passou ou está passando por suas inúmeras dificuldades. A fartura não bem compreendida pode causar marcas significativas: divisão familiar, ganância, jogos de interesses, arrogância, prepotência, comparações, inveja, manipulação, traições, entre outras possibilidades. Se a sua história foi ter passado fome, necessidades, vivido uma vida de muitas privações e precariedades, desde morar na rua, em um orfanato, em uma casa sem estrutura, de favor ou ter uma vida de classe média na qual teve vontades não atendidas, um padrão limitado, acredite que era preciso viver tudo o que foi vivido e ainda está vivendo, por mais que seja difícil aceitar e compreender. Tudo isso fazia e faz parte da nossa evolução, do nosso aprendizado e somente com essas experiências poderíamos chegar aonde chegamos, em um nível superior de maturidade humana, para fazer a diferença com o que sabemos.

Volto a apresentar aquele mesmo versículo que está na Bíblia Sagrada escrito em Jeremias 1:5: "Antes que o fizesse no útero da sua mãe, eu o escolhi. Antes que você nascesse, eu o separei para uma obra especial". Todas, absolutamente todas as experiências que vivemos até hoje, sendo elas boas ou ruins, foram significativas para completarmos a boa obra especial que temos como dever aqui na terra.

A sociedade muitas vezes exige padrões, os quais as pessoas se obrigam a fazer adaptações, deixando de ser quem são para atender expectativas alheias, e é por isso que entram em um colapso até de identidade, não se aceitando e não buscando o melhor que existe em si, porque creem que,

CAPÍTULO 4 - IMPEDIMENTOS QUE O DISTANCIARAM DO PROPÓSITO

por mais que mudem, nunca será o suficiente e, assim, sacrificando-se em busca de uma ilusória perfeição que gera pertencimento. Se temos gostos diferentes, não significa que tem algo errado. Deus te fez dessa forma para o que precisava. Até mesmo pessoas que nascem com algum tipo de síndrome é porque tinham algo especial a ser realizado aqui na terra. Crianças nascem doentes, ficam em hospitais por alguns anos e morrem. Por que elas vieram ao mundo? Será que no pouco tempo de vida que viveram já não foi suficiente para cumprir o seu propósito?

Talvez tenham vindo para unir a família que estava desestruturada, para trazer grande ensinamento do que é a vida, para mudar leis, escolas, países. Pessoas que convivem com deficientes, físicos ou mentais, confessam que aprenderam e aprendem muito com esses seres especiais que Deus colocou aqui na terra. A resposta da vida de cada pessoa não pertence a nós, mas acredite que Deus tem um plano para tudo. Cada pessoa veio por um motivo especial e veio fazer a diferença, não é a diferença que a gente pode imaginar diante de uma mente limitada, humanamente falando, e sim fazer a diferença diante de uma mente evoluída, que consegue enxergar muito além do que os nossos olhos podem ver.

Pessoas podem vir a este mundo com características e gostos incomuns de um padrão que a sociedade estipula. Isso é certo ou errado? Aos olhos de quem? Vou contar uma história da minha sobrinha, Anna Carolina. Aos 14 anos, ela pedia para a mãe deixá-la colocar *dreads* nos cabelos. Desde criança sempre foi muito estilosa, gostava de coisas diferentes: vestir roupas largas, andar de coturno, tudo tinha que ser muito colorido e estampado, sempre em destaque. O estilo dela, para ela, sempre combinou e ficava muito linda. Minha cunhada, vinda de família muito tradicional, não aceitava que Anna colocasse *dreads*. Depois de insistir por dois anos, aos 16 anos, a minha cunhada, Cristina, cedeu ao pedido e Anna colocou os tão sonhados *dreads*. E acredite, ela ficou linda! Passaram-se mais dois anos, aos 18 anos, a Anna Carolina mudou para Florianópolis, no Sul do Brasil, para fazer um trabalho missionário e ficou lá por muitos anos, sabe fazendo o quê? Resgatando moradores de rua, fazendo trabalhos sociais

PROPÓSITO OU MISSÃO? EIS A QUESTÃO

com crianças de comunidades, um forte trabalho com orfanato, além de resgatar meninas dos prostíbulos e recuperar vidas durante a madrugada. A pergunta que faço agora é: se ela fosse toda certinha, uma menininha toda recatada, que usasse sainha, blusinha tradicional, essas garotas as quais ela resgatou teriam se aproximado verdadeiramente dela e se entregado para o processo de cura e libertação? Então, temos que ter cuidado com os julgamentos, porque Deus faz todas as coisas diante dos seus planos. Ninguém nasceu do jeito que é por um acaso.

Por outro lado, pode ser que esteja pensando: mas estou velho ou sou muito jovem, mesmo assim tenho um propósito? Estou doente e tenho pouco tempo de vida, mesmo assim tenho um propósito? Não tenho condições financeiras, mesmo assim tenho um propósito? Eu sou um pecador, fiz coisas terríveis: fui bandido, matei, roubei, abusei, traí, espanquei, mesmo assim tenho um propósito? A resposta é sim. Independente da sua idade, do seu tempo de vida, da sua saúde, das condições financeiras que tem e de quantos erros cometeu, ainda assim você tem um propósito.

O propósito não é limitado ao tempo de vida que temos, nem às condições estruturais em qualquer sentido. Ele existe no hoje, no agora e não somente no amanhã. Todos têm um propósito aqui na terra. Falando mais especificamente para aqueles que se julgam ou é julgado por erros gravíssimos do passado. Em primeiro lugar, convido você a ler o capítulo "Propósito e espiritualidade", o qual vai clarificar mais ainda porque aconteceu de se desvirtuar das coisas boas e justas, porque acabou errando, muitas vezes de forma grave. Em segundo, adianto, se você se arrepender de todo o seu coração, buscar o perdão e nunca mais voltar a fazer o que fazia antes, mesmo que sofra as punições das leis humanas, é possível encontrar o seu propósito do bem, que está ligado a uma nova vida de conversão dos maus caminhos os quais trilhou. É possível, ainda assim, fazer a diferença neste mundo de maneira positiva. Precisamos entender que todos nós somos seres humanos pecadores e temos o direito de arrependimento e mudança de vida.

Veja uma história que está em João 8:1 a 11 para ilustrar o que estamos falando aqui.

CAPÍTULO 4 - IMPEDIMENTOS QUE O DISTANCIARAM DO PROPÓSITO

> Jesus, porém, foi para o Monte das Oliveiras. E pela manhã cedo tornou para o templo, e todo o povo vinha ter com ele, e, assentando-se, os ensinava. E os escribas e fariseus trouxeram-lhe uma mulher apanhada em adultério. E, pondo-a no meio, disseram-lhe: "Mestre, esta mulher foi apanhada, no próprio ato, adulterando. E na lei nos mandou Moisés que as tais sejam apedrejadas. Tu, pois, que dizes?". Isto diziam eles, tentando-o, para que tivessem de que o acusar. Mas Jesus, inclinando-se, escrevia com o dedo na terra. E, como insistissem, perguntando-lhe, endireitou-se e disse-lhes: "Aquele de entre vós que está sem pecado seja o primeiro que atire pedra contra ela". E, tornando a inclinar-se, escrevia na terra. Quando ouviram isto, redarguidos da consciência, saíram um a um, a começar pelos mais velhos até os últimos; ficou só Jesus e a mulher que estava no meio. E, endireitando-se Jesus, e não vendo ninguém mais do que a mulher, disse-lhe: "Mulher, onde estão aqueles teus acusadores? Ninguém te condenou?". E ela disse: Ninguém, Senhor. E disse-lhe Jesus: "Nem eu também te condeno; vai-te, e não peques mais.

É preciso entender que fomos escolhidos antes de sermos colocados no útero da nossa mãe. Deus, o grande Pai, olhou para nós e nos designou para a nossa família, sabia das possíveis experiências que teríamos, não foi injusto, sabe por quê? Confiou em nós, em você. Ele sabia que éramos capazes de passar pelo aperfeiçoamento e aprender o que era necessário e fazer a diferença neste mundo. Ele confiou em nós o propósito. E o segredo é, quanto mais rápido aprendermos, menos vamos precisar passar repetidamente por situações desagradáveis, pois isso denota que subimos de estágio em nossa evolução humana. Quanto mais evoluirmos, mais podemos ensinar e menos processos de aprendizados serão necessários. Nós não precisamos sofrer. Deus não quer o mal para ninguém. Pela lei espiritual, Ele não pode invadir as suas escolhas, você tem o livre-arbítrio para tomar as decisões da vida e o livre-arbítrio não está relacionado apenas às nossas atitudes, mas sim sobre o que decidimos pensar a respeito de qualquer coisa, como decidimos nos sentir sobre tudo o que está acontecendo e como definimos acreditar sobre todas as coisas. Ele te respeita e conduz o universo coletivamente baseado no livre-arbítrio individual e, quanto mais rápido chegarmos ao nível que Deus precisa de nós, contribuiremos verdadeiramente para um mundo melhor. No capítulo em que falo do propósito e da espiritualidade, poderá entender outras coisas com maior profundidade.

Veja o que está escrito em Jeremias 29:11: "Porque sou eu que conheço os planos que tenho para vocês, diz o Senhor, planos de fazê-los prosperar e não de causar dano, planos de dar a vocês esperança e um futuro". Nós somos preciosos, a nossa vida é importante. Deus nos planejou e tudo tinha que fazer sentido para o motivo pelo qual estamos aqui, portanto, olhe para a sua pele, veja a cor dos seus olhos, o formato do seu rosto, o jeito do seu cabelo, perceba os seus lábios, o formato do seu nariz, assim como a sua altura. Tudo é por um sentido especial. Ao longo da nossa trajetória, diante do propósito que fomos enviados a este mundo, eu e você precisávamos ser exatamente assim fisicamente. Te convido para ler também o meu livro infantil *O que tem embaixo do pano?*. Apesar de ser para as crianças, nós adultos aprendemos muito sobre quem nós somos.

Porém, é possível gerar alguns questionamentos: sofro preconceitos devido à cor da minha pele, eu seria mais bonito se tivesse outro formato e cor dos meus olhos, minha estatura me impede de fazer algo que queria, meu nariz gera deboche diante de algumas circunstâncias, meu cabelo nunca fica do jeito que eu me sinta bem, tenho deficiência física e vivo limitações. Acredite, somos perfeitos do jeito que somos, era para ser assim, para os planos de Deus está tudo certo, o incômodo é nosso por falta de autoaceitação.

E por que muitas pessoas não se aceitam do jeito que são? Porque não tiveram a oportunidade desde crianças de serem ensinadas e preparadas a olharem para si mesmas com esse olhar que falamos agora, não lhe ensinaram a ver que são lindas por dentro e por fora, todo mundo é diferente um

CAPÍTULO 4 - IMPEDIMENTOS QUE O DISTANCIARAM DO PROPÓSITO

do outro, nem por isso é inferior ou melhor que os demais, simplesmente somos únicos e especiais. Por não terem tido a oportunidade de alguém mostrar o seu real valor desde pequeno, potencializando e dizendo que era dessa forma que poderiam fazer a diferença, muitos não foram preparados para saber lidar com as adversidades, com as disfunções das outras pessoas. Se assim alguém teve que enfrentar situações extremamente desconfortáveis e viu o quanto isso seria importante na sua vida, é um sinal de que precisa ensinar o que não te ensinaram e parar de reclamar, lamuriar e se colocar como vítima e injustiçado.

A falta dessa compreensão leva muitos ao engano mental sobre a sua autopercepção. Passamos pelas experiências negativas para provocar em nós o movimento de transformação que o mundo necessita, começando de dentro para fora. A culpa não é simplesmente de quem nos criou e deixou de nos criar, eles não tiveram a oportunidade que estamos tendo agora, foram vítimas dos seus antepassados e, sucessivamente, até chegarmos ao início do pecado de Adão e Eva, que nos separou da blindagem divina. Deus procura seres humanos que buscam o aperfeiçoamento para produzir gerações melhores. Enquanto isso não acontece comigo e com você, vemos o que os nossos olhos não gostariam de enxergar, sentimos o impacto e o reflexo em nós mesmos de um mundo doente e sedento de cura. Portanto, seja a cura que o mundo necessita. Não espere que alguém faça, lembre-se de que esse alguém pode ser você. Faça primeiro por você e poderá fazer pelo seu próximo. Em João 8:32, "conhecereis a verdade e a verdade vos libertará." Em Oseias 4:6, "o meu povo está sendo destruído, porque lhe falta o conhecimento". É preciso buscar o conhecimento dentro do que é possível entender.

Nós podemos não conhecer na totalidade os planos de Deus, porém Ele sabe o que faz. Somos humanos para entender a complexidade de tudo e, por isso, algumas coisas parecem ficar sem respostas, o que acontece no plano espiritual não se tem a dimensão no plano terreno. Veja o que está escrito em Eclesiastes 11:5: "Assim como não conheces o caminho do vento, tampouco como o espírito entra no corpo que se forma no ventre de uma mulher, do mesmo modo não podes compreender as obras de Deus, o Criador de tudo o que há".

PROPÓSITO OU MISSÃO? EIS A QUESTÃO

Contudo, existem motivos para termos os dons e os talentos que existem em nós, nada é em vão. Por ter uma sensibilidade maior, por ser mais visual ou auditivo, o paladar e o olfato mais apurados, existem motivos para termos o nosso perfil de personalidade que mais se destaca em nós, sendo talvez mais dominante ou extrovertido, mais paciente ou analítico. Existem motivos para sermos líderes ou seguidores, mais ativos ou pacatos. São essas e outras as características que formam a nossa identidade e contribuem para o que viemos fazer neste mundo.

Pode ser que em determinado período da vida os seus dons e talentos foram podados, recriminados ou não foram cultivados por diversos sentidos, ainda assim fazem a diferença e que te direcionam ao seu propósito de existir. Existe uma frase de Abraham Maslow que diz: "Um músico deve compor, um artista deve pintar, um poeta deve escrever, caso pretendam deixar seu coração em paz. O que um homem pode ser, ele deve ser. A essa necessidade, podemos dar o nome de autorrealização". Portanto, se não colocar em prática os seus dons e talentos, passa a ter uma vida sem sentido e sem estímulo, não usufruirá do melhor que tem dentro de si mesmo.

Em Romanos 12: 7 e 8: "Se o seu dom é servir, sirva; se é ensinar, ensine; se é dar ânimo, que assim faça; se é contribuir, que contribua generosamente; se é exercer liderança, que a exerça com zelo; se é mostrar misericórdia, que o faça com alegria". Não deixemos o que existe de mais precioso dentro de nós se apagar; pelo contrário, que façamos a diferença por meio do que existe de diferente em nós. É o que nos faz sermos únicos e especiais.

Veja a história de José do Egito, que se inicia no livro de Gênesis, a partir do capítulo 37. Para entender melhor essa história, antes de falar sobre José, você saberá um pouco sobre os seus antecedentes. Filho de Jacó e Raquel, seu pai vem da descendência de Abraão, este, por sua vez, era o seu bisavô, o qual recebeu a promessa que ele seria o pai de multidões. A esposa do seu bisavô, Sara, era estéril e recebeu a graça na velhice de engravidar do seu único filho, Isaque, iniciando o milagre de Deus para o cumprimento da promessa. Isaque se casou com Rebeca, que também era estéril, mas

CAPÍTULO 4 - IMPEDIMENTOS QUE O DISTANCIARAM DO PROPÓSITO

Deus ouviu o clamor de Isaque e Rebeca engravidou de gêmeos, Esaú e Jacó. Em uma confusão familiar, Jacó recebeu a bênção de seu pai e saiu fugido do seu irmão para não morrer.

Jacó se apaixonou por Raquel e trabalhou por sete anos para Labão, o pai de Raquel, para assim conceder o casamento entre eles. Porém, no dia do casamento, Jacó foi enganado pelo sogro e recebeu a irmã de Raquel como esposa, Lia. Muito furioso, prometeu trabalhar mais sete anos para Labão conceder Raquel como esposa, e assim o fez.

Raquel, por sua vez, não conseguia engravidar, e Jacó já tinha outros dez filhos com Lia. Jacó já estava numa idade mais avançada e, por muito orarem e confiarem em Deus, Raquel engravidou de José. Por ser um filho muito querido, desejado e tardio, vindo de uma relação em que existia muito amor entre Jacó e Raquel, José era um filho muito amado, que dava inveja aos outros irmãos.

O significado do nome de José é aquele que acrescenta, acréscimo do Senhor ou Deus multiplica, observe que o seu nome diz exatamente sobre a vinda dele, Deus acrescentou na vida de Jacó e Raquel, e o seu nome estava anunciando sobre o que ele faria na terra, ou seja, os sinais do propósito da vida de José. Ao acompanhar a história dos seus antepassados, perceba que ele é a continuidade da promessa de Deus feita ao seu bisavô Abraão.

José, ainda muito jovem, recebeu um presente especial do seu pai, uma túnica muito bonita; seus irmãos ficaram ainda mais enciumados. José tinha alguns dons especiais que vinham da parte de Deus, como sonhar e revelar o sonho. Certa vez, José sonhou e, por imaturidade e ingenuidade, contou aos seus irmãos, os quais passaram a odiá-lo. E o sonho era o seguinte, veja em Gênesis 37 versículos 7 a 10:

"Estávamos amarrando os feixes de trigo no campo, quando o meu feixe se levantou e ficou em pé, e os seus feixes se ajuntaram ao redor do meu e se curvaram diante dele". Seus irmãos lhe disseram: "Então você vai reinar sobre nós? Quer dizer que você vai nos governar?" E o odiaram ainda mais, por causa do

PROPÓSITO OU MISSÃO? EIS A QUESTÃO

sonho e do que tinha dito. Depois, teve outro sonho e o contou aos seus irmãos: "Tive outro sonho, e desta vez o sol, a lua e onze estrelas se curvavam diante de mim". Quando o contou ao pai e aos irmãos, o pai o repreendeu e lhe disse: "Que sonho foi esse que você teve? Será que eu, sua mãe e seus irmãos viremos a nos curvar até o chão diante de você?". Assim seus irmãos tiveram ciúmes dele; o pai, no entanto, refletia naquilo.

Seus irmãos foram cuidar do rebanho da família em outra cidade e José, a mando do pai, foi até lá ver se estava tudo bem com eles. Antes mesmo que ele chegasse, seus irmãos o viram e armaram uma cilada para matá-lo. Porém, em vez de matá-lo, decidiram jogá-lo num poço sem água. Alguns israelitas que estavam de passagem o encontraram decidiram vendê-lo como escravo por 20 moedas de prata e levaram-no ao Egito. Seus irmãos levaram a túnica rasgada e suja de sangue de animal ao seu Pai, Jacó, que concluiu que José havia sido morto por uma animal do campo.

José tinha apenas 17 anos de idade e era o início de uma história de muita dor. Um garoto que foi muito bem tratado e cuidado com tanto amor pelos seus pais e traído pelos seus próprios irmãos, sangue do seu sangue. No Egito, José foi vendido a Potifar, oficial do faraó e capitão da guarda do palácio. Deus era com José e tudo que ele fazia na casa de Potifar era abençoado. Percebendo isso, ganhou a simpatia do seu dono, que o colocou como seu ajudante particular, cuidando de absolutamente tudo da sua casa.

Por ser um jovem muito bonito, a mulher de Potifar se interessou por ele e quis levá-lo para cama. Mas José, um homem muito respeitoso ao seu dono, e temente a Deus, resistiu e fugiu, deixando a sua capa nas mãos dessa mulher. Irada, a esposa de Potifar mentiu a ele, dizendo que José tinha tentado ter relação com ela e que, ao gritar, ele saiu correndo, deixando a capa.

Mais uma vez, José caiu em uma armadilha e, dessa vez, Potifar mandou prendê-lo. Como sempre, Deus estava com José e, por ser muito agradável e ter liderança, ganhou a simpatia do carcereiro e passou a ser encarregado dos prisioneiros.

CAPÍTULO 4 - IMPEDIMENTOS QUE O DISTANCIARAM DO PROPÓSITO

O rei do Egito, por ter sido ofendido por um copeiro e um padeiro, mandou prendê-los e, na mesma noite, os dois tiveram sonhos. Ao contar para José, interpretou-os e revelou a eles. Veja em Gênesis 40, nos versículos 9 a 19:

> Então o chefe dos copeiros contou o seu sonho. Ele disse: "Sonhei que na minha frente havia uma parreira que tinha três galhos. Assim que as folhas saíam, apareciam as flores, e estas viravam uvas maduras. Eu estava segurando o copo do rei; espremia as uvas no copo e o entregava ao rei". José disse: "A explicação é a seguinte: os três galhos são três dias. Daqui a três dias o rei vai mandar soltá-lo. Você vai voltar ao seu trabalho e servirá vinho ao rei, como fazia antes. Porém, quando você estiver muito bem lá, lembre-se de mim e por favor tenha a bondade de falar a meu respeito com o rei, ajudando-me assim a sair desta cadeia. A verdade é que foi à força que me tiraram da terra dos hebreus e me trouxeram para o Egito; e mesmo aqui no Egito não fiz nada para vir parar na cadeia".
>
> Quando o chefe dos padeiros viu que a explicação era boa, disse: "Eu também tive um sonho. Sonhei que estava carregando na cabeça três cestos de pão. No cesto de cima havia todo tipo de comidas assadas que os padeiros fazem para o rei. E as aves vinham e comiam dessas comidas". José explicou assim: "O seu sonho quer dizer isto: os três cestos são três dias. Daqui a três dias o rei vai soltá-lo e vai mandar cortar a sua cabeça. Depois o seu corpo será pendurado num poste de madeira, e as aves comerão a sua carne".

E aconteceu exatamente o que José interpretou. O padeiro, após três dias, foi morto e o copeiro voltou para o palácio do rei e acabou se esquecendo de José, que permanecia na prisão.

PROPÓSITO OU MISSÃO? EIS A QUESTÃO

Dois anos se passaram e o rei teve um sonho que o perturbou, nem os sábios e os adivinhos do Egito foram capazes de dizer o significado. O copeiro se lembrou de José e, corajosamente, contou ao rei, que mandou trazer José perante ele.

Então, o Rei do Egito contou o seu sonho, que está em Gênesis 41, versículo 17 a 36:

Aí o rei disse: "Sonhei que estava de pé na beira do rio Nilo. De repente, saíram do rio sete vacas bonitas e gordas, que começaram a comer o capim da beira do rio. Depois saíram do rio outras sete vacas, mas estas eram feias e magras. Em toda a minha vida eu nunca vi no Egito vacas tão feias como aquelas. E as vacas feias e magras engoliram as bonitas e gordas, mas nem dava para notar isso, pois elas continuavam tão feias como antes. Então, eu acordei. Depois tive outro sonho. Eu vi sete espigas de trigo boas e cheias de grãos, as quais saíam de um mesmo pé. Depois saíram sete espigas secas e queimadas pelo vento quente do deserto e elas engoliram as sete espigas cheias e boas. Eu contei os sonhos aos adivinhos, mas nenhum deles foi capaz de explicá-los".

Então, José disse ao rei: "Os dois sonhos querem dizer a mesma coisa. Por meio deles, Deus está dizendo ao Senhor o que ele vai fazer. As sete vacas bonitas são sete anos, e as sete espigas boas também são. Os dois sonhos querem dizer uma coisa só. As sete vacas magras e feias que saíram do rio depois das bonitas e também as sete espigas secas e queimadas pelo vento quente do deserto são sete anos em que vai faltar comida. É exatamente como eu disse: Deus mostrou ao Senhor, ó rei, o que ele vai fazer. Virão sete anos em que vai haver muito alimento em todo o Egito. Depois virão sete anos de fome. E a fome será tão terrível, que ninguém lembrará do tempo em que houve muito alimento no

CAPÍTULO 4 - IMPEDIMENTOS QUE O DISTANCIARAM DO PROPÓSITO

Egito. A repetição do sonho quer dizer que Deus resolveu fazer isso e vai fazer logo".

E José continuou: "Portanto, será bom que o Senhor, ó rei, escolha um homem inteligente e sábio e o ponha para dirigir o país. O rei também deve escolher homens que ficarão encarregados de viajar por todo o país para recolher a quinta parte de todas as colheitas, durante os sete anos em que elas forem boas. Durante os anos bons que estão chegando, esses homens ajuntarão todo o trigo que puderem e o guardarão em armazéns nas cidades, sendo tudo controlado pelo Senhor. Assim, o mantimento servirá para abastecer o país durante os sete anos de fome no Egito, e o povo não morrerá de fome".

E por ter mostrado capacidade, sabedoria e que tinha o Espírito de Deus, o rei do Egito confiou a José o seu país e o colocou como governador do Egito. Ninguém tinha maior autoridade e poder que José, que agiu exatamente conforme veio toda a interpretação dada por Deus a ele. José estava agora com 30 anos, sete anos de fartura vieram e sete anos de escassez vieram.

Quando seu pai, Jacó, que ainda estava vivo passou pela escassez, pediu aos seus filhos que fossem até o Egito comprar mantimentos para que não morressem de fome, mas não deixou Benjamim ir ao Egito, o filho mais jovem, irmão de José por parte de mãe e pai, porque tinha medo de acontecer alguma desgraça como foi com José.

Quando os irmãos de José chegaram ao Egito e encontraram com o Governador para comprar mantimentos, não o reconheceram. Mas José reconheceu-os e ficou impressionado porque se ajoelharam com o rosto em terra, se inclinaram diante de José. Imediatamente, ele se lembrou do seu sonho de quando tinha 17 anos antes de ser vendido como escravo pelos seus irmãos.

PROPÓSITO OU MISSÃO? EIS A QUESTÃO

Como reação, José acusou-os como espiões que queriam saquear o Egito e deixou-os presos durante três dias, só deixando-os voltar para a casa a partir do momento que prometessem que voltariam para buscar o irmão mais jovem, Benjamim, que tinha ficado em Canaã com o pai, Jacó; como garantia, deixou um dos irmãos na prisão. Seus irmãos sentiam que isso era o castigo de Deus sobre o que fizeram com José, mesmo não sabendo que era o próprio governador.

Ao voltar para a casa com os suprimentos, Jacó se entristeceu porque achou que tinha perdido mais um filho. Quando foi anunciado que Benjamim teria que voltar com eles, Jacó não aceitou. Porém, como não tinha alternativa, acabou deixando-o ir para o Egito. Quando José viu seu irmão Benjamim, não aguentou e chorou, mandou fazer um banquete para comerem juntos na casa do governador.

José chorou muito, um choro de dor da alma quando anunciou aos seus irmãos quem ele era. Todos ficaram impactados e perplexos. O mais interessante foi a percepção de José sobre tudo o que havia acontecido na história entre eles. Veja o que fala em Gênesis 45, versículos 3 a 8:

> **Então disse José a seus irmãos: "Eu sou José! Meu pai ainda está vivo?". Mas os seus irmãos ficaram tão pasmados diante dele que não conseguiam responder-lhe. "Cheguem mais perto", disse José a seus irmãos. Quando eles se aproximaram, disse-lhes: "Eu sou José, seu irmão, aquele que vocês venderam ao Egito! Agora, não se aflijam nem se recriminem por terem me vendido para cá, pois foi para salvar vidas que Deus me enviou adiante de vocês. Já houve dois anos de fome na terra, e nos próximos cinco anos não haverá cultivo nem colheita. Mas Deus me enviou à frente de vocês para lhes preservar um remanescente nesta terra e para salvar-lhes as vidas com grande livramento. Assim, não foram vocês que me mandaram para cá, mas sim o próprio Deus. Ele me tornou ministro do faraó, e me fez administrador de todo o palácio e**

CAPÍTULO 4 - IMPEDIMENTOS QUE O DISTANCIARAM DO PROPÓSITO

governador de todo o Egito."

Então, José pediu que voltassem para Canaã e buscassem o seu pai e todos da família, mais os servos, e os animais para viverem próximo a ele, porque haveria mais cinco anos de escassez e ele cuidaria de todos.

Quando seu pai reencontrou José, chorou por muito tempo e se sentiu agraciado por Deus por ter visto novamente o seu filho amado e ainda conhecer os netos Manassés, que significa faz-me esquecer (que estava ligado ao passado de José), e Efraim, que significa fértil, frutífero, aquele que multiplica (que está ligado ao futuro de José).

Jacó morreu com 147 anos e viveu 17 anos com José. Antes de partir, ele abençoou seus filhos formando as 12 tribos de Israel e, ao orar pelos filhos de José, ele liberou uma bênção especial a Efraim, o mais jovem.

Nessa história, podemos ver muitos pontos a respeito do propósito de vida que Deus deu a cada pessoa, mas em especial, falaremos de José diante da narrativa, com ênfase em sua vida.

Perceba que José foi um filho desejado e planejado, nasceu de uma linda história de amor, em um lar farto, o qual pôde receber tudo de melhor que uma família poderia oferecer: alimentação, roupas, educação, princípios e valores, uma vida espiritualizada baseada nos ensinos de Deus, e vem de uma nobre descendência. Teria tudo para dar certo na vida e, teoricamente, não precisaria passar por nenhum tipo de aflição. Isso faz recordar o versículo que falamos um pouco antes que, está em Jeremias 1:5: "Antes que o fizesse no útero da sua mãe, eu o escolhi. Antes que você nascesse, eu o separei para uma obra especial".

Deus planejou a vinda de José para um propósito especial, o qual sabia, com 30 anos de antecedência, que haveria um momento ápice na vida de José em que ele entenderia o seu propósito de vida e faria toda diferença no mundo, principalmente em Israel.

Compreenda que José precisava ter nascido neste lar, dessa descendência, pela promessa de Deus na vida de Abraão, seu bisavô. Ele precisava ter sido gerado por Raquel e ter vindo a Jacó já numa idade avançada, porque seu pai teria mais maturidade para ensinar e amar José da forma como ele precisava para aprender a ser o homem que se tornou, gentil, educado, simpático e inteligente, de uma sabedoria ímpar. Por todo exemplo do seu pai, ele levou consigo a capacidade de liderar e bom caráter formado. Pelo senso de justiça, honestidade e bondade que aprendeu com seu pai e sua mãe, por mais que a princípio esse bom caráter e a integridade parecesse tê-los prejudicado, como contar os sonhos a seus irmãos que o levou a ser vendido como escravo, ter recusado o convite de se deitar na cama com a mulher de Potifar o levou a ser preso, porém, o que parecia ser um prejuízo, na verdade, não foi bem assim, porque tudo isso era necessário acontecer para que tivesse a recompensa dessa conduta.

Se seus irmãos não tivessem tido ciúmes de José e se seu pai não o tivesse tratado com tanta diferença dos outros irmãos, ele não teria sido vendido como escravo e não teria chegado ao Egito. Você pode estar pensando, ele poderia ir ao Egito, mas de outra forma, sem sofrer tanto. A pergunta importante que fica é: se ele fosse para o Egito por opção própria, sem ter tido todas as experiências de dor, será que seria essa pessoa que vimos no final da história? Será que estaria na medida certa para ser o Governador do Egito com tanta qualidade e presteza?

José, que foi vendido como escravo, aprendeu a ser grato pelo tempo de fartura que viveu na casa do seu pai, mas também aprendeu a viver na escassez e gerenciar o pouco que tinha no tempo de escravo e de prisioneiro, aprendeu a gerenciar uma casa farta como a de Potifar, como servo. E se tudo tivesse corrido bem, vindo ao Egito sendo apenas filho de Jacó, o quanto ele seria capaz de servir como Governador do Egito?

Esse mesmo José aprendeu a reconhecer a importância de uma família. Na casa de seu pai, ele aprendeu sobre amor, perdão e compaixão; na casa de Potifar, aprendeu a ser reconhecido, valorizado, se permitiu receber prestígios por bons comportamentos.

Com seus irmãos, ele aprendeu sobre desprezo, egoísmo, ganância, inveja, injúria, abandono, solidão, maldade, ódio, raiva, ingenuidade, entre

CAPÍTULO 4 – IMPEDIMENTOS QUE O DISTANCIARAM DO PROPÓSITO

outros comportamentos e sentimentos que teve que gerenciar ao longo dos anos. Tudo isso para liberar o perdão, ser absolutamente livre para crescer, amadurecer e evoluir para chegar ao ponto ideal para as grandes responsabilidades e compromissos que teria que fazer na sua vida e deixar um legado para as próximas gerações. José é um grande exemplo para todos até a nossa atualidade.

Na Bíblia, em Provérbios 16:4: "O Senhor criou tudo o que existe com um propósito definido; até mesmo os ímpios para o dia do mal". Não é que criou a maldade e que espera que o homem faça o que é mau. Quer dizer que até o que é mau deixa que o homem faça para assim reverter todas as coisas para o bem mediante os planos que Ele tem para cada um dos seus. José entendeu essa mensagem. Veja o que disse no encontro com seus irmãos, em Gênesis 50:21: "Vocês planejaram o mal contra mim, mas Deus o tornou em bem, para que hoje fosse preservada a vida de muitos". O que isso significa para nós é que ele entendeu o seu propósito de vida, identificou o sentido da sua existência nesta terra e que precisava passar por toda essa história para que aprendesse, evoluísse seguindo para um nível superior de compreensão e fizesse diferença, não vivendo apenas para si, mas para o benefício daquela geração.

Portanto, não se preocupe se alguém fez ou está fazendo alguma maldade com você, Deus está permitindo, não porque Ele quer seu mal, mas porque é importante você passar por essa experiência. Deus vê a sua vida lá na frente, a quilômetros de distância, e você está vendo aqui a poucos metros, por isso muitas vezes não entendemos nada e nos questionamos. Acredite: tudo contribui para o bem diante do propósito de vida. Como está escrito em Romanos 8:28: "E sabemos que todas as coisas contribuem para o bem daqueles que amam a Deus, daqueles que são chamados segundo o seu propósito".

José passou da vida mais luxuosa à mais miserável. Ele sabia o que era viver com muito e com pouco. Inclusive os dons e os talentos que ele tinha, como o de sonhar, de interpretar, de liderar e da simpatia, não eram em vão, tudo contribuía para que ele cumprisse o seu propósito aqui na terra e foram eles que os levaram a chegar ao rei do Egito e fizessem diferença na vida dele. Até o copeiro não ter lembrado dele dois anos antes foi porque, naquela época, para

PROPÓSITO OU MISSÃO? EIS A QUESTÃO

o rei do Egito, isso não faria diferença nenhuma, mas o copeiro se lembrou de José na hora certa. Perceba que tudo que parece estar errado em sua vida está mais que certo, está no tempo certo. É preciso abrir os olhos, a mente e o coração para entender que nada é por acaso e essa experiência que você está tendo ou teve tem um significado profundo e um fundamento para algumas coisas que vão acontecer.

Uma vez ouvi dizer que a vida é como um grande painel com um desenho bordado a ponto cruz. Nós, seres humanos, vemos o lado do avesso e parece que tem pontos nos lugares errados, mas Deus está vendo o painel pela frente e tudo que está sendo cruzado, pontilhado por trás, tem um sentido para as ligações que vão formar a linda paisagem da frente. Procure olhar a sua vida com os olhos de Deus, do sobrenatural, e não apenas com o olhar humano, pois é limitado.

José veio na família certa, por pais certos, teve os irmãos certos, nasceu na casa certa, na cidade certa, no país certo, recebeu a cultura certa. Ele veio na época certa para marcar a sua geração, passou pelos lugares certos e experiências certas, nasceu com as características certas. Portanto, nada é por acaso. Deus planejou antes de você ter sido gerado no ventre da sua mãe para uma boa obra especial que você, somente você, teria a capacidade e o poder de executar.

Descreva o que compreendeu sobre a sua vida e quais foram os aprendizados até este momento.

CAPÍTULO 5
PROPÓSITO E ESPIRITUALIDADE

CAPÍTULO 5 - PROPÓSITO E ESPIRITUALIDADE

Muitos podem questionar ou duvidar sobre a existência do propósito, pois pode ser uma filosofia bonita de vida, porém, irreal. Pode achar que por trás existem teologias que movimentam essas teorias advindas de diversas religiões. Outros podem até pensar que parece ser um enigma a desvendar. Neste capítulo, você terá a oportunidade de chegar a algumas conclusões sobre o início de tudo, de onde surgiu e fundamentou o propósito. Existe uma origem e está prestes a ser revelada.

Já entendemos o que é propósito, o que significa e como faz diferença na vida das pessoas neste plano humano e terreno. Espiritualmente falando, qual o valor que ele tem? É possível que exista um plano no mundo espiritual? Qual é essa conexão? Por que precisamos cumprir o nosso propósito aqui na terra quando olhamos para as questões espirituais?

Na Bíblia Sagrada, em Efésios 1:11: "Nele, digo, em quem também foi feito herança, havendo sido predestinados, conforme o propósito daquele que faz todas as coisas, segundo o conselho da sua vontade". Vamos destrinchar cada parte desse versículo para a nossa melhor compreensão. Na primeira parte, podemos identificar que cada um de nós fomos feitos heranças. E o que é herança? É a ação de herdar, ou seja, de adquirir por sucessão. Algo de valor que era de uma pessoa e que a deixa na sequência diretamente a outra pessoa coligada a ela, a qual confia e acredita que será responsável por cuidar tão bem quanto ela cuidou. O sucessor recebe, por direito, o pertencimento do bem.

Na palavra de Deus, em Salmos 127: 3-5: "Os filhos são herança do Senhor, uma recompensa que Ele dá. Como flechas nas mãos do guerreiro, são filhos nascidos na juventude. Como é feliz o homem que tem a sua herança". A herança é a prova do amor de Deus sobre seus filhos, a recompensa e a demonstração de que confia e entrega um bem valioso. Dessa forma, somos presenteados. Portanto, não somos apenas herança dos nossos pais terrenos, somos herança do Pai Celestial, quem nos formou. Sendo assim, Ele tem entregado a nós incumbências por confiar e acreditar que somos capazes de cuidar da preciosidade do que tem entregado em nossas mãos. E o que Deus tem entregado em nossas mãos? Todos os dons e talentos que existem em nós são heranças dadas por Deus e Ele precisa que multipliquemos, que usemos. A pergunta é: temos honrado aquele que nos confiou a herança? O que temos feito com o que Deus nos entregou?

Em Mateus 25:14-30, há uma parábola que menciona os talentos que, naquela época, eram moedas valiosas. Parábolas são histórias simbólicas, que gere fácil compreensão. Veja a seguir.

> E também será como um homem que, ao sair de viagem, chamou seus servos e confiou-lhes os seus bens. A um, deu cinco talentos; a outro, dois; a outro, um. A cada um de acordo com a sua capacidade. Em seguida, partiu de viagem. O que havia recebido cinco talentos saiu imediatamente, aplicou-os e ganhou mais cinco. Também o que tinha dois talentos ganhou mais dois. Mas o que tinha recebido um talento saiu, cavou um buraco no chão e escondeu o dinheiro do seu Senhor. Depois de muito tempo, o Senhor daqueles servos voltou e acertou contas com eles. O que tinha recebido cinco talentos trouxe os outros cinco e disse: "O Senhor me confiou cinco talentos; veja, eu ganhei mais cinco". O Senhor respondeu: "Muito bem, servo bom e fiel! Você foi fiel no pouco, eu o porei sobre o muito. Venha e participe da alegria do seu Senhor!". Veio também o que tinha recebido dois talentos e disse: "O Senhor me confiou dois talentos; veja, eu ganhei mais dois". O Senhor respondeu: "Muito bem, servo bom e fiel! Você foi fiel no pouco, eu o porei sobre o muito. Venha e participe da alegria do seu Senhor!". Por fim, veio o que tinha recebido um talento e disse; "Eu sabia que o Senhor é um homem severo, que colhe onde não plantou e junta onde não semeou. Por isso, tive medo, saí e escondi o seu talento no chão. Veja, aqui

CAPÍTULO 5 - PROPÓSITO E ESPIRITUALIDADE

está o que lhe pertence". O Senhor respondeu: "Servo mau e negligente! Você sabia que eu colho onde não plantei e junto onde não semeei? Então, você devia ter confiado o meu dinheiro aos banqueiros, para que, quando eu voltasse, o recebesse de volta com juros. Tirem o talento dele e entreguem-no ao que tem dez. Pois a quem tem, mais será dado, e terá em grande quantidade. Mas a quem não tem, até o que tem lhe será tirado. E lancem fora o servo inútil, nas trevas, onde haverá choro e ranger de dentes.

Você tem sido um "servo", filho, herdeiro do Senhor, que recebeu dons desde o ventre da sua mãe, pois foi planejado antes de ser formado como já vimos no capítulo anterior. O herdeiro, ao longo da vida, por todas as experiências vividas, adquiriu talentos e tem passado pelo processo de aperfeiçoamento. O que tem feito com a sua herança? Tem de fato usufruído ou tem enterrado? Em qual posição verdadeiramente você quer estar quando aquele que nos concedeu a herança vier nos cobrar e conferir sobre o que fizemos diante da sua confiança?

A herança tem algo muito positivo, é a prova de que somos escolhidos, selecionados entre tantos, e que a nós houve uma profunda confiança. Por sua vez, com a grandeza da herança vem a responsabilidade e a diligência. Guardo no meu coração e na minha mente os ensinamentos da minha mãe Alzira, que sempre me disse desde pequena: "Tudo o que fizer faça com muito amor e excelência como se estivesse fazendo para Deus". E, na realidade, estamos fazendo para Deus, das pequenas às grandes coisas, pois todo o nosso pensar, agir, sentir está ou não glorificando e honrando o nome d'Ele.

Para completar, o ser humano tem a necessidade de tirar a culpa de si e colocar no outro para que a sua "carga" seja aparentemente mais leve, é justamente a armadilha do engano mental. Na parábola, o servo infiel não fez o que sabia que deveria fazer e, para tentar minimizar o problema, procurou jogar a responsabilidade para cima do próprio senhor, dizendo que pensava que o senhor era um homem duro e atemorizante, não quis perder o que tinha e somente guardou para devolver, porém, sem uso algum. O problema não era o senhor, e sim ele, que deixou, negligentemente, de fazer o que era preciso, aumentando ainda mais a ira do seu senhor. Como identificamos, existe consequência e esse servo não foi isento da punição. Quantas vezes talvez tenhamos colocado justificativas, argumentações, mostrando fatores e empecilhos que nos impediram ou impedem de fazer o que é preciso ser feito, culpando pessoas, situações, ambientes, entre outros, para provar o porquê não realizamos. Será isso suficiente?

Na parábola, o senhor pode ser considerado Deus que nos confiou muitas capacidades, e os servos somos nós, seres humanos, os filhos de Deus. Ele, o nosso Pai, quer que entremos no paraíso e tenhamos a vida eterna com Ele. Deus não é duro ou ruim como muitos acreditam, Ele é apenas justo, e, dentro da sua lei, nos ensina e nos mostra o caminho com amor enquanto há tempo. E se está lendo este livro, acredite que existe tempo para você. Como diz o Salmos 86:15: "Mas tu, Senhor, és Deus compassivo e misericordioso, muito paciente, rico em amor e em fidelidade". Ele está nos guardando, nos dando chances e oportunidades de reconhecermos, entregarmos e nos consertarmos no que é preciso.

Voltando ao versículo de Efésios 1:11, fomos predestinados. O que significa predestinados? É aquele que está destinado previamente a alguma coisa, reservado a situações especiais, que se destinou de antemão, de maneira prévia. Ou seja, podemos entender pelo versículo que fomos planejados antecipadamente a realizar algo especial. Antes mesmo de nos tornarmos matéria humana, Deus sonhou com cada um de nós, somos a obra de arte do Grande Autor, e Ele sabia o que estava fazendo, qual seria a utilidade dessa obra de arte, como um grande artista que é. Podemos denotar que o predestino seja o nosso propósito a ser cumprido aqui na terra. Como isso é lindo! Portanto, viemos a este mundo para realizar algo especial diante do plano de Deus. Algo que foi reservado individualmente a cada um de nós.

CAPÍTULO 5 - PROPÓSITO E ESPIRITUALIDADE

Continuemos na terceira parte do versículo de Efésios 1:11, que considero uma das mais profundas e fortes revelações para todo esse entendimento. Ele diz: "Conforme o propósito daquele que faz todas as coisas". Deus é soberano e faz todas as coisas mediante a sua visão holística. Ele é começo, o meio e o fim. Nós somos as partes que completam esse todo. Nós somos uma missão dentro do propósito de Deus.

> DEUS SONHOU COM CADA UM DE NÓS, SOMOS A OBRA DE ARTE DO GRANDE AUTOR E ELE SABIA O QUE ESTAVA FAZENDO, QUAL SERIA A UTILIDADE DESSA OBRA DE ARTE, COMO UM GRANDE ARTISTA QUE É. PODEMOS DENOTAR QUE O PREDESTINO SEJA O NOSSO PROPÓSITO A SER CUMPRIDO AQUI NA TERRA.

Por que digo isso? Entenda quão profundo isso significa. Quando lemos que fomos predestinados conforme o propósito daquele que faz todas as coisas, isso é sinônimo de que Deus, o todo-poderoso, tem um PROPÓSITO. É isso mesmo! Ele, o nosso Deus, tem um PROPÓSITO. E dentro do propósito d'Ele, nos fez com um propósito especial, ou seja, fazemos parte do PROPÓSITO MASTER deste mundo. Se eu e você cumprirmos, literalmente, cada um fazendo a sua parte, realizaremos não somente o nosso propósito, que é o micro de Deus, mas o nosso propósito contribuirá com o propósito de Deus, pois estamos sendo fiéis ao plano especial.

Portanto, da mesma forma, se não sabemos o que é propósito, e não descobrimos qual é o nosso propósito, não realizaremos o propósito e Deus continuará buscando novas "missões", novas pessoas com quem possa contar e que, mesmo que leve mais tempo, vai continuar gerando novas criaturas em quem possa confiar, porque o seu PROPÓSITO não muda. Deus está contando comigo e com você.

Qual é o grande problema? O problema é que muitos caem nas armadilhas da vida e não se permitem passar pelo processo de evolução a ponto de entender quão valiosa é a sua vida, e quão importante são as experiências que já vivenciaram tanto para o bem como para o mal. Por isso, dai graças como diz em Tessalonicenses 5:18. Volto a lembrar do versículo que está em Romanos 8:28: "E sabemos que todas as coisas contribuem para o bem daqueles que amam a Deus, daqueles que são chamados segundo o seu propósito". Mais uma vez, podemos identificar que Deus tem propósito e que nada acontece em nossa vida por acaso ou em vão, tudo tem a permissão de Deus, Ele sabe o que está fazendo. Portanto, sejamos gratos. Em Apocalipse 22:12: "Eis que venho em breve! A minha recompensa está comigo, e eu retribuirei a cada um de acordo com o que fez".

Não faça esperando a sua total recompensa de forma terrena, não faça simplesmente para os outros, esperando que reconheçam, valorizem e elevem louvores e honras a ti. Se vier, tudo bem; se não vier, tudo bem também. Segundo o que acabamos de ler, essa matemática humana não fecha a conta aqui e sim nos céus, será lá o nosso galardão. Tenha o que apresentar diante de Deus, quando vier conferir contigo. Lembra a parábola dos talentos. Você tem um propósito especial! Você é importante para Deus! Tem uma frase de Pierre Teilhard de Chardin que diz: "Nós não somos seres humanos tendo uma experiência espiritual. Nós somos seres espirituais com uma experiência humana".

Seguindo para a última parte do versículo que está em Efésios 1:11, "segundo o conselho da sua vontade". Podemos perceber aqui que Deus nos aconselha, nos mostra a sua vontade, o seu desejo e não impõe nada. Ele não quer que seja uma obrigação, que façamos por uma imposição gerada de forma aterrorizante e amedrontadora, deseja que façamos por amor, por completo discernimento e escolha do caminho a seguir. Mais uma vez, Ele te dá o livre-arbítrio e, por ser tão respeitoso, espera e respeita a sua decisão. Porém, volto a lembrar que o propósito de Deus não muda e, se não fizermos a nossa parte, Ele levantará outra pessoa para fazer o que cabia a nós.

Prova disso é o que vemos na história do rei Saul, que foi substituído pelo rei Davi, segundo o arrependimento de Deus, por ter concedido e confiado nele. Está escrito em Samuel 15:11: "Arrependo-me de haver constituído Saul rei, porquanto deixou de me seguir e não executou as minhas palavras". Deus espera que sejamos fiéis e obedientes por nossa vontade, escolha e por amor a Ele.

CAPÍTULO 5 - PROPÓSITO E ESPIRITUALIDADE

Em Isaías 46: 3 e 4: "Escuta-me, ó casa de Jacó, todos vocês que restam da nação de Israel, vocês, a quem tenho sustentado desde que foram concebidos, e que tenho carregado desde o seu nascimento. Mesmo na velhice, quando tiverem cabelos brancos, sou eu aquele que os susterá. Eu os fiz e eu os levarei; eu os sustentarei e eu os salvarei".

E continua nos versículos 9, 10 e 11, "lembre-se das coisas passadas, das coisas muito antigas! Eu sou Deus, e não há nenhum outro; eu sou Deus, e não há nenhum como eu. Desde o início faço conhecido o fim, desde tempos remotos, o que ainda virá. Digo: meu propósito permanecerá em pé, e farei tudo o que me agrada. Do oriente, convoco uma ave de rapina; de uma terra bem distante, um homem para cumprir o meu propósito. O que eu disse, isso eu farei acontecer; o que planejei, isso farei".

Deus é onipresente, onipotente e onisciente e não há outro como Ele. A uma coisa temos que ficar atentos: a sua palavra não muda e jamais mudará. Deus é bom, justo e fiel para cumprir tudo o que prometeu. Que sejamos homens e mulheres com um coração quebrantado, humilde em receber e reconhecer para sermos transformados e geradores de transformações. Entenda que Deus não precisaria de nós, pois todo o poder está sobre Ele. Então, por que trabalha dessa forma, demonstrando que precisa de nós? Porque Ele quer as nossas vidas e que venhamos a Ele pelas nossas próprias escolhas. O criador nos ama e deseja que a sua criatura o ame voluntariamente. E uma das formas de demonstrarmos o nosso amor é sendo fiel e obedientes à sua vontade. Um pai que vê todas as coisas sabe o que é melhor para os seus filhos.

Quantas coisas se interligam e fundamentam a execução do nosso propósito quando compreendemos o seu valor no mundo espiritual. Então, o propósito não é simplesmente fazer algo bonito e importante para uma nação, é também a prova do amor e da fidelidade a Deus.

Agora, é fundamental saber que esse é o plano de Deus, mas existe uma força do mal que não quer que esse plano seja efetivado, que seja concluído. Quando cumprimos o nosso propósito diante da vontade de Deus, estamos saqueando o inferno, o bem vence o mal. Assim como quando não cumprimos o nosso propósito segundo a vontade de Deus, deixamos uma enorme brecha para que o mal prevaleça e tenha a oportunidade que o inimigo das nossas almas esperava para fazer a vontade maligna acontecer. Perceba que, ao não fazer, está dando vitória ao mal.

Assim como Deus tem um lindo propósito, o Diabo também tem um propósito.

Ilustração: Freepik

O propósito de Deus é que tenhamos uma vida eterna de comunhão e adoração a Ele. Que como filhos voltemos ao colo do pai e que tenhamos morada nos céus, no paraíso eterno. O propósito do Diabo é que sejamos dele, que o adoremos diante do que pode nos oferecer. Seu desejo é que queimemos no fogo ardente do inferno para a eternidade, pois sabe que esse será o seu lugar e não quer estar sozinho.

Quanto mais pessoas conseguir, menos adoradores Deus terá. Ele está revoltado por ter sido expulso dos céus por inveja de Deus, ele queria ser Deus, pois viu o Senhor formar todas as coisas. Ele, Lúcifer, estava no início de tudo e, dessa forma maldosa, se alimenta da mentira que criou a si mesmo. Ele é o enganador e se engana, achando que terá vidas que o adorarão. Deus criou todas as coisas para a sua adoração, assim como Lúcifer foi criado também para adorar a Deus como um querubim no

CAPÍTULO 5 - PROPÓSITO E ESPIRITUALIDADE

céu. Por rebeldia, ele perdeu o seu lugar e foi expulso do céu e enviado para a terra, levando consigo um terço dos anjos. O seu plano é sempre enfrentar Deus por meio da criação mais perfeita, os seus filhos, os seres humanos. Ele quer tentar vencer, afrontando Deus por meio de nós.

Prova disso é o que podemos ver que diz em Isaías 14: 12 a 15: "Como caíste desde o céu, ó Lúcifer, filho da alva! Como foste cortado por terra, tu debilitavas as nações! E tu dizias no teu coração: "Eu subirei ao céu, acima das estrelas de Deus, exaltarei o meu trono e no monte da congregação me assentarei, aos lados do norte. Subirei sobre as alturas das nuvens e serei semelhante ao Altíssimo. E tudo levado serás ao inferno, ao mais profundo do abismo". Lúcifer era um anjo muito bonito, com um cargo importante no céu, com o desígnio do louvor, mas a vaidade e o orgulho o fizeram querer ser maior que Deus, portanto, foi expulso de sua presença. Veja como Deus descreve Lúcifer quando o criou em Ezequiel 28: 12 a 18:

> ...Assim diz Deus: Tu eras o selo da medida, cheio de sabedoria e perfeito em formosura. Estiveste no Éden, jardim de Deus; de toda a pedra preciosa era a tua cobertura: sardônica, topázio, diamante, turquesa, ônix, Jaspe, safira, carbúnculo, esmeralda e ouro; em ti se faziam os teus tambores e os teus pífaros (instrumento de sopro semelhante à flauta); no dia em que foste criado foram preparados. Tu eras o querubim, ungido para cobrir, e te estabeleci; no monte santo de Deus estavas, no meio das pedras afogueadas andavas. Perfeito eras nos teus caminhos, desde o dia em que foste criado, até que se achou iniquidade em ti. Na multiplicação do teu comércio encheram o teu interior de violência, e pecaste; por isso te lancei, profanado, do monte de Deus, e te fiz perecer, ó querubim cobridor, do meio das pedras afogueadas. Elevou-se o teu coração por causa da tua formosura, corrompeste a tua sabedoria por causa do teu resplendor; por terra te lancei, diante dos reis te pus, para que olhem para ti. Pela multidão das tuas iniquidades, pela in-

> justiça do teu comércio profanaste os teus santuários; eu, pois fiz sair do meio de ti um fogo, que te consumiu e te tornei em cinza sobre a terra, os olhos de todos os que te veem.

Perceba que, quando Deus viu que Lúcifer não estava respeitando a sua autoridade e não sendo exatamente aquilo que nasceu para ser, quebrou o elo com Ele. Não foi Deus que se separou de Lúcifer, e sim as atitudes e as emoções deram brechas para isso e Deus teve que agir diante do que estava ocorrendo, impedindo seu acesso ao céu. Lúcifer foi expulso.

Querendo destruir os planos de Deus, a relação linda de intimidade que o Pai tinha com seus filhos, que eram a sua imagem e semelhança, o seu pedacinho aqui na terra em matéria, o qual o Senhor tanto amava e ainda ama, Lúcifer usou a serpente para tentar Eva e, por consequência Ele Adão, a desobedecerem a Deus. Veja o que diz Gênesis 3: 1-5:

> ora, a serpente era o mais astuto de todos os animais selvagens que o Senhor Deus tinha feito. E ela perguntou à mulher: "Foi isto mesmo que Deus disse: 'Não comam de nenhum fruto das árvores do jardim'? Respondeu a mulher à serpente: "Podemos comer do fruto das árvores do jardim, mas Deus disse: 'Não comam do fruto da árvore que está no meio do jardim, nem toquem nela; do contrário vocês morrerão". Disse a serpente à mulher: "Certamente não morrerão". Deus sabe que, no dia em que dele comerem, seus olhos se abrirão, e vocês serão como Deus, conhecedores do bem e do mal.

Podemos compreender que Lúcifer é invejoso e ganancioso. O que fez foi lançar o que tinha dentro dele na mente e no coração de Eva: vaidade, poder e oportunidade de ser como Deus é.

Deus não queria que isso acontecesse, porém, precisamos lembrar que Deus não quer nada vindo de nós por obrigação, quer que nos acheguemos a Ele de forma espontânea, quer o nosso coração, a nossa vida, por inteiro e por nossa decisão diante do livre-arbítrio que temos.

CAPÍTULO 5 - PROPÓSITO E ESPIRITUALIDADE

A desobediência quebrou o elo do homem com Deus e, assim como quando expulsou Satanás do céu, o Senhor precisou tomar a atitude de expulsar Adão e Eva do Jardim do Éden, além de todas as punições que vieram para o homem, a mulher e até mesmo a serpente. Assim, Lúcifer começava a batalha com Deus. Veja o restante do capítulo 3 do livro de Gênesis, em que mostra o versículo 23: "O Senhor Deus, pois, o lançou fora do jardim do Éden, para lavrar a terra de que fora tomado". Existe uma consequência para tudo.

O inimigo com a força do mal não quer verdadeiramente que o bem vença e quais são as artimanhas que ele usa. Veja que no livro de João 10:10 faz uma comparação, o Diabo sendo o ladrão e Deus na figura de Jesus, sendo o bom Pastor. Está escrito: "O ladrão não vem senão a roubar, a matar, e a destruir; eu vim para que tenham vida e a tenham com abundância".

O mal está aí para roubar de diversas formas: o conhecimento, a paz, a liberdade e a vida. O mal está aí para matar de diversas formas: os sonhos, a esperança, a harmonia, as finanças e a vida. O mal está aí para destruir de diversas formas: a família, a saúde mental, a saúde física, a integridade, os relacionamentos e a vida. Entre tantas coisas, se conseguir gerar uma grande confusão mental, diversos distúrbios, ele já ganhou, pois as pessoas estarão ocupadas o suficiente com outras distrações e não terão uma mente saudável para entender com clareza a profundidade do sentido da vida.

Isso terá um fim e, quando tudo terminar, acontecerá o que está escrito em Apocalipse 20:10: "O Diabo, que as enganava, foi lançado no lago de fogo que arde com enxofre, onde já haviam sido lançados a besta e o falso profeta. Eles serão atormentados dia e noite, para todo o sempre". E em Apocalipse 21:8: "Mas os covardes, os incrédulos, os depravados, os assassinos, os que cometem imoralidade sexual, os que praticam feitiçaria, os idólatras e todos os mentirosos — o lugar deles será no lago do fogo que arde com enxofre. Esta é a segunda morte".

Uma vida desestruturada não tem tempo para fazer o seu propósito diante da vontade de Deus acontecer. Até aqui, falamos das pessoas que se encontram vazias, porém, têm aquelas que o inimigo consegue realmente levar para si, as quais deixam literalmente a maldade entrar em sua vida e serem dominadas por ela. Acredite, o Diabo tem um propósito para os seres humanos, assim como Deus também tem. Quando as pessoas cedem às suas seduções, caem em sua armadilha e é aí que ele começa a desenvolvê-las, obrigatoriamente para executar o propósito que tem para elas. As pessoas que são envolvidas pagam um alto preço: o sacrifício da própria vida em função aos desejos dele.

Por esse motivo, podemos ver no universo pessoas fazendo tanto mal. Cederam ao encanto de Satanás, às seduções, aos enganos e às grandes e maiores artimanhas usadas por ele: a vaidade, o orgulho, o poder, o domínio, entre outras, mostrando como algo muito positivo. Em Coríntios 11:14: "Isso não é de admirar, pois o próprio Satanás se disfarça de anjo de luz", pois é astuto e conhece exatamente como conquistar o homem que, a partir do pecado de Adão e Eva, tivera a revelação e a possibilidade de viver entre o bem e o mal diante das suas escolhas e era só isso que precisaria. O Diabo nos conhece tanto quanto Deus nos conhece e atua nas nossas fraquezas". Em Pedro 5: 8-9: "Estejam alertas e vigiem. O Diabo, o inimigo de vocês, anda ao redor como leão, rugindo e procurando a quem possa devorar. Resistam-lhe, permanecendo firmes na fé, sabendo que os irmãos que vocês têm em todo mundo estão passando pelos mesmos sofrimentos".

E se nós não formos seres de luz aqui na terra, muitos se perderão e serão "tragados" por falta do nosso posicionamento. Não existe meio termo. Não sou nem luz nem trevas, pois aquele que não decide já decidiu. A falta de posicionamento dá liberdade suficiente para o mal agir. Se posicione como Tiago 4:7: "Portanto, submetam-se a Deus. Resistam ao Diabo, e ele fugirá de vocês".

Em Efésios 6:11 e 12: "Vistam toda a armadura de Deus, para poderem ficar firmes contra as ciladas do Diabo, pois a nossa luta não é contra seres humanos, mas contra os poderes e autoridades, contra os dominadores deste mundo das trevas, contra as forças espirituais do mal nas regiões celestiais". São elas que estão agindo por meio do homem. Nós, seres humanos, somos apenas instrumentos do bem ou do mal consciente ou inconscientemente.

CAPÍTULO 5 - PROPÓSITO E ESPIRITUALIDADE

Costumo dizer que ninguém nasceu para o mal. Se somos filhos e criaturas de Deus, nascemos para o bem. Mas pode estar passando em sua mente: por que existem tantas pessoas fazendo o mal? Porque estão sendo enganadas pelas forças espirituais e atraídas numa confusão mental, acreditando que estão fazendo o bem, porém é um bem egoísta, egocêntrico, sem uma visão holística, em que todos seriam beneficiados. A maior característica de Satanás é ser enganador e, assim que conquista o ser humano, começa a desenvolver o propósito maligno. Assim como Deus nos fez com um propósito, quando o Diabo ganha uma vida, também tem um propósito para essa pessoa. Preste atenção, o Diabo também tem um propósito específico para cada pessoa que ganha. É aí que entram as grandes maldades que existem neste mundo. Pessoas que fazem de forma consciente, pois são levadas pelo espírito destruidor por terem aceitado as suas propostas ardilosas e persuasivas: luxúria, vaidade, poder, orgulho, sexo, fama, gula, entre outros prazeres da carne que são atrativos do desejo do homem.

O Diabo sabe muito bem como jogar para vencer, lembra que Deus o criou com sabedoria quando era para ele ser um dos anjos mais importantes do céu? Uma das formas de criar disfunções emocionais e espirituais nas pessoas é justamente atacando na estrutura. Se abalar a estrutura, a grande probabilidade de vencer é certa. É como um prédio, se a estrutura estiver abalada, tudo o que construiu para cima poderá desmoronar a qualquer momento. Por esse motivo, mostro o que Freud e Jung, dois grandes estudiosos da psicologia e da psicopatologia, dizem a esse respeito.

A psicologia freudiana trata da psicopatologia, isto é, maneiras como a psique pode sair do estado de equilíbrio ou ser prejudicada por raiva, medo, obsessão, repressão, compulsão e assim por diante. Freud pensava que tais patologias eram resultado de um desequilíbrio dinâmico entre o ID, o ego e o superego, um desequilíbrio entre ego racional e as exigências da esfera geralmente inconsciente. As duas incluíam coisas, tais como pais que não amaram os filhos o suficiente, esperaram demais deles ou lhes ensinaram a reprimir instintos, o que lhes ocasionou problemas sexuais e códigos morais de uma sociedade que frustra instintos naturais.

PROPÓSITO OU MISSÃO? EIS A QUESTÃO

Doenças espirituais e redução do QS (inteligência espiritual) são resultados de problemas de relacionamento com o centro profundo do EU. Isso acontece porque o homem é separado das raízes nutrientes do EU, que transcendem tanto o ego quanto a cultura associativa e penetram na substância do próprio ser. Alguns poderiam denominá-la "doença existencial". Jung preocupou-se muito com essas doenças espirituais, ou existenciais, e afirmou que todas as psiconeuroses "terão de ser compreendidas, em última análise, como uma alma sofredora que não descobriu seu sentido".

Antes de começar a explicar o que dizem nesse texto, quero trazer o entendimento de que o meu curso *(Re)significar* trata todos esses assuntos que estamos falando aqui. Este curso tem ajudado milhares de pessoas a se curar, transformar suas próprias vidas e se libertar do que lhes faz mal. Este livro trabalha exclusivamente sobre o propósito. O meu curso *(Re)significar* trabalha diversos assuntos, desde a construção da identidade emocional, a descoberta e a estruturação do "eu sou" de cada pessoa, passando pela descoberta do propósito de vida, chegando ao entendimento da evolução do QS (Inteligência Espiritual) na ciência, nos levando à chamada Inteligência Infinita.

Vamos ao entendimento. Freud diz que toda a psicopatologia, ou seja, o desequilíbrio mental ou confusões de pensamentos, da forma de ver e perceber a vida e tudo ao entorno, pode ser prejudicada por disfunções emocionais por meio de diversos sentimentos ruins: ódio, raiva, medo, insegurança, angústia, inveja, vaidade, orgulho, prepotência, ganância, ciúmes, repreensão, compulsão, ansiedade, obsessão, estresse, entre outros sentimentos que atrapalham a vida do ser humano. Comece a analisar se esses sentimentos vêm do bem ou do mal?

Segundo Freud, esses sentimentos viriam de diversos fatores alojados no inconsciente da pessoa diante de muitas histórias vividas que geraram significados sobre quem ela é, como são as pessoas e o mundo. Ele destaca, principalmente, o histórico infantil, as relações com os pais.

Nos estudos da psicologia, uma criança, desde o ventre da sua mãe até os 11 anos de idade, não tem maturidade suficiente para discernir

CAPÍTULO 5 - PROPÓSITO E ESPIRITUALIDADE

sozinha o que é bom ou ruim, o que é certo ou errado e, até os 20 anos, está sendo formada, segundo a psicóloga Diane E. Papalia. Por isso, precisa de pessoas estruturadas emocionalmente, que vão ajudá-la nessa construção. Se houver pais ou criadores na fase da infância, ou a ausência deles, com tais apresentações, essa criança já cresce com muitos históricos, traumas e informações deturpadas que, naturalmente, a levarão para um complexo estágio de autodestruição, vinculado na estrutura do seu ser, que é a sua identidade, ou seja, quem eu sou.

Voltando para o que Freud continua dizendo. Veja que ele fala sobre um sentimento específico, o amor. E o amor é bom ou ruim? É claro que é bom. E se voltarmos à Bíblia, veremos que em 1 João 4:7-8: "Amados, amemos uns aos outros, pois o amor procede de Deus. Aquele que ama é nascido de Deus e conhece a Deus. Quem não ama, não conhece a Deus, porque Deus é amor". Por esse motivo, podemos entender que o Diabo odeia o amor, e faz de tudo para que o amor se esfrie. Sabe por quê? Em Coríntios 13, diz:

> ainda que eu falasse as línguas dos homens e dos anjos, e não tivesse amor, seria como o metal que soa ou como o sino que tine. E ainda que tivesse o dom de profecia, e conhecesse todos os mistérios e toda a ciência, e ainda que tivesse toda a fé, de maneira tal que transportasse os montes, e não tivesse amor, nada seria. E ainda que distribuísse toda a minha fortuna para sustento dos pobres, e ainda que entregasse o meu corpo para ser queimado, e não tivesse amor, nada disso me aproveitaria. O amor é sofredor, é benigno; o amor não é invejoso; o amor não trata com leviandade, não se ensoberbece. Não se porta com indecência, não busca os seus interesses, não se irrita, não suspeita mal; não folga com a injustiça, mas folga com a verdade; tudo sofre, tudo crê, tudo espera, tudo suporta. O amor nunca falha; mas havendo profecias, serão aniquiladas; havendo línguas, cessarão; havendo ciência desaparecerá; porque, em parte, conhecemos, e em parte profetizamos; mas,

> quando vier o que é perfeito, então o que é me parte será aniquilado. Quando eu era menino, falava como menino, sentia como menino, discorria como menino, mas logo que cheguei a ser homem, acabei com as coisas de menino. Porque agora vemos por espelho em enigma, mas então veremos face a face; agora conheço em parte, mas então conhecerei como também sou conhecido. Agora, pois permanecem a fé, a esperança e o amor, estes três, mas o maior destes é o amor.

E se Deus é amor e trabalha no amor, o Diabo trabalha nos sentimentos ruins, principalmente no ódio e na raiva. Agora, existe outra cilada que ele arma e muitos não percebem, trabalha na falta do amar, somente a ausência do amor é suficiente para ele fazer o seu plano acontecer, precisa da frieza do maior sentimento sublime que interliga as relações genuínas, o amor.

Continuemos com Freud. Já é suficiente a destruição de uma vida por meio de pais que não amem ou não demonstrem o amor na linguagem que seus filhos os compreendam que são amados, gerando diversos distúrbios na fonte nutriente do "eu" que é a identidade do ser humano. E se a criança ou o adulto não sabe quem é, também pode causar distúrbios espirituais que desconectam da matriz espiritual.

Jung completa dizendo que, em última esfera, as doenças espirituais terão que ser compreendidas como uma alma sofredora que não descobriu o seu sentido, ou seja, que não encontrou o seu propósito de vida, que não sabe porque está neste mundo.

Perceba que a armadilha está completa. Se o Diabo atingir diretamente a estrutura familiar, as relações de amor da infância, automaticamente, as crianças crescerão desestruturadas em relação à sua identidade e o seu ser passará a ser desenvolvido baseado em sentimentos ruins advindos de traumas e da ausência de relações saudáveis, que, por sua vez, geram uma desconexão espiritual, por consequência, perde o sentido de viver, ou seja, o propósito. Aí o mau prevalece.

CAPÍTULO 5 - PROPÓSITO E ESPIRITUALIDADE

Por isso tantas pessoas doentes e perdidas desesperadamente tiram a própria vida. Nunca houve tantos suicídios de crianças, adolescentes, jovens, adultos e idosos. As pesquisas atuais nos mostram. Hoje não tem mais idade para esse ato. Não existe sexo, pode ser homem, mulher, homossexual, bissexual, entre outros. Não existe mais classe social, rico, pobre ou classe média. Não existem mais títulos, pode ser o empresário, o líder religioso, um andarilho. Nunca vimos tamanha quantidade de vidas sendo tiradas pela própria decisão. Acredite, é um ato desesperador de uma alma sofredora que não encontra resposta sobre o real sentido da vida.

O suicídio não tem poupado pessoas cristãs, não tem poupado famílias religiosas que vivem em seus dogmas. Acorde! É uma cilada do mal, sabe por quê? Porque se estivermos vivos e encontrarmos as respostas e descobrirmos o nosso propósito em Deus, o sentido existe e, ao praticá-lo, contribuiremos para o PROPÓSITO MASTER; o mal não prevalecerá e o bem vencerá. A partir do momento que uma pessoa tira a vida, está interrompendo o processo de evolução até chegar à maturidade da descoberta do propósito e passará por essa vida sem ter concluído o predestino que Deus tinha para cada um de nós, e, se for interrompido, o Diabo está quebrando o plano de Deus sobre o propósito que Ele tinha para os seus.

Portanto, quando uma pessoa se mata, ela está matando junto o seu propósito e deixando de concluir o que veio fazer neste mundo. O poder da vida e da morte está nas mãos de Deus. O Diabo vem enganar, mostrando que essa é uma solução para terminar com as suas dores e, quando uma pessoa tira a sua vida, está tirando das mãos de Deus a autoridade que Ele tem sobre a humanidade, isso é audácia do inimigo perante Deus, é mais uma forma que facilita o plano do mal. Em Coríntios 11:14, "isso não é de admirar, pois o próprio Satanás se disfarça de anjo de luz". O objetivo dele é nos enganar e fazer as pessoas se rebelarem, pois também é conhecido como o rebelde aquele que não acata ordens, insubordinado em revolta.

Quantas pessoas estão se mutilando. Os adolescentes têm ensinado uns aos outros que isso é bom. Crianças fazem o mesmo dentro das escolas e em casa. A argumentação é que a dor física é menor do que dor da alma. Quantas pessoas estão perdendo a sua vida e não querem mais viver porque nada faz sentido, ou seja, não existe propósito de vida.

O inimigo quer ver as almas doentes para ganhar no espírito. Somos corpo, alma e espírito e tudo está interligado. Se ele mexer com as emoções ligadas à nossa alma, o nosso espírito sente e gerará reflexo em nosso corpo. Da mesma forma, se o nosso corpo padece, a nossa alma sente, assim como o nosso espírito. E se o nosso espírito estiver abalado, sentiremos no corpo e na alma. A boa notícia é que esse ciclo funciona tanto para o mal como também para o bem. Se começarmos a usar a favor do bem, faremos a roda girar do lado oposto e partiremos para um novo resultado que se chama vida.

INTERLIGAÇÃO DO CORPO, ALMA E ESPÍRITO

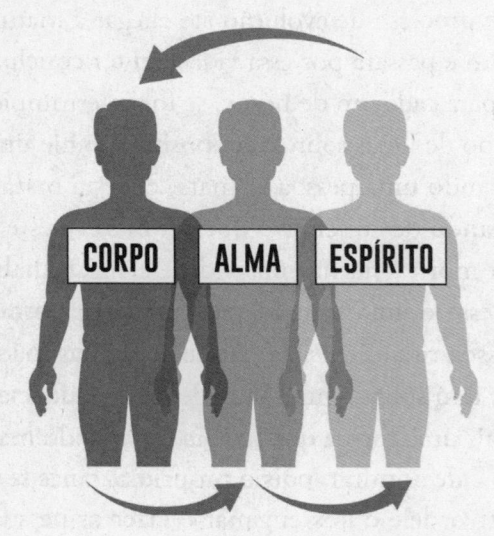

Ilustração: Freepik

Voltando ao propósito de Deus. Ele quer que sejamos verdadeiros adoradores, que o adore em espírito, em verdade e simplesmente o nosso viver em fidelidade e obediência alegra o coração de Deus. Em Colossen-

CAPÍTULO 5 - PROPÓSITO E ESPIRITUALIDADE

ses 1:16: "Pois Nele foram criadas todas as coisas nos céus e na terra, as visíveis e as invisíveis, sejam tronos, sejam soberanias, poderes ou autoridades; todas as coisas foram criadas por Ele e para Ele". Em Romanos 11:36: "Pois Dele, por Ele e para Ele são todas as coisas. A Ele seja a glória para sempre! Amém". Concluímos que o grande propósito de Deus é que sejamos verdadeiros adoradores, que vivamos para Ele e por Ele, para a honra, glória e louvar a Ele, amém.

Sabendo Deus que o Diabo sempre quis a destruição da humanidade, pois assim ele venceria, Deus não poderia permitir, algo especial deveria ser feito para nos salvar, pois lembra que o propósito de Deus não muda. O que Ele precisaria era readequar o caminho, dentro do que era permitido nas leis espirituais, por isso que a estratégia de Deus foi o que está escrito em Efésios 1:4-5: "Porque Deus nos escolheu n'Ele antes da criação do mundo, para sermos santos e irrepreensíveis em sua presença. Em amor nos predestinou para sermos adotados como filhos, por meio de Jesus Cristo, conforme o bom propósito da sua vontade". Ele enviou Jesus para nos salvar, para quebrar a artimanha de Satanás. Deus se fez em carne, como humano viveu todas as nossas experiências e resistiu até mesmo o Diabo nas tentações para provar que poderia vencer o inferno como mostra em Mateus.

então Jesus foi levado pelo Espírito ao deserto, para ser tentado pelo Diabo. Depois de jejuar quarenta dias e quarentas noites, teve fome. O tentador aproximou-se dele e disse: 'Se és Filho de Deus, manda que estas pedras se transformem em pães'. Jesus respondeu: 'Está escrito: 'Nem só de pão viverá o homem, mas de toda palavra que procede da boca de Deus'. Então, o Diabo o levou à cidade santa, colocou-o na parte mais alta do templo e lhe disse: "Se és o Filho de Deus, joga-te daqui para baixo. Pois está escrito: "Ele dará ordens a seus anjos a seu respeito, e com as mãos eles o segurarão, para que você não tropece em alguma pedra". Jesus lhe res-

> pondeu: "Também está escrito: 'Não ponha à prova o Senhor, o seu Deus'". Depois, o Diabo o levou a um monte muito alto e mostrou-lhe todos os reinos do mundo e o seu esplendor. E disse-lhe: "Tudo isto te darei se te prostrares e me adorares". Jesus lhe disse: "Retire-se, Satanás! Pois está escrito: 'Adore o Senhor, o seu Deus, e só a Ele preste culto'". Então, o Diabo o deixou, e anjos vieram e o serviram.

Preste bem atenção como é a jogada do Diabo, ele se apresenta como alguém bom, oferece tudo o que o ser humano acha que precisa para escravizá-lo para sempre, é exatamente o que ele deseja. Vemos, pois, que Jesus foi tentado, porém resistiu com a sua graça, sabedoria e conhecimento. Em Oseias 4:6, o povo perece por falta de conhecimento. Busquemos o conhecimento para não sermos enganados pelas ciladas que são armadas.

Em Lucas 19:10: "Pois o Filho do homem veio buscar e salvar o que estava perdido". Esse foi o meio que Deus encontrou para nos livrar da prisão e, para isso, teve que existir um enorme sacrifício, como mostra em João 3:16: "Porque Deus amou o mundo de tal maneira que deu o seu Filho unigênito, para que todo aquele que n'Ele crê não pereça, mas tenha a vida eterna". Ele deu o seu filho na cruz do calvário por amor a nós e tivemos novamente a oportunidade de ter a vida eterna. Foi pago um alto preço. Com o sangue de Jesus derramado na cruz, Ele nos libertou para que tivéssemos uma nova chance. Como declara em Romanos 4: 24-25: "Mas também para nós, a quem Deus creditará justiça, a nós, que cremos naquele que ressuscitou dos mortos, a Jesus, nosso Senhor. Ele foi entregue à morte por nossos pecados e ressuscitou para nossa justificação". Em João 14:6, Jesus diz: "Eu sou o caminho, a verdade e a vida. Ninguém vem ao Pai, a não ser por mim". Cabe a cada um de nós fazermos as nossas escolhas. E se assim quiser, é possível, onde estiver, pedir agora para que Deus lhe perdoe dos seus pecados e que aceite e receba o senhor Jesus Cristo

CAPÍTULO 5 - PROPÓSITO E ESPIRITUALIDADE

como único senhor e salvador em sua vida para que viva uma nova história de vida longe dos enganos mentais do inimigo das nossas almas.

Nós, seres humanos, estamos sendo "competidos" no mundo espiritual. Em Apocalipse 3:20: "Eis que estou à porta, e bato; se alguém ouvir a minha voz, e abrir a porta, entrarei em sua casa, e com Ele cearei, e Ele comigo". Nessa mensagem figurada mostra que nós somos a casa e a porta é o nosso coração, Deus é aquele que bate na porta, veja como Ele é educado e gentil, Ele nos oferece e não invade. Se nós permitirmos, Ele entrará na nossa vida e viveremos com Ele e Ele conosco.

Lembra o que diz em João 10:10: "O Diabo é como um ladrão, vem matar, roubar e destruir". Um ladrão não pede licença para entrar, ele é um invasor. Quem não estiver vigiando apenas uma brecha dada, uma distração da porta aberta é suficiente para ele querer dominar, ainda mais se a casa estiver vazia.

Se a nossa casa, numa linguagem figurada, ou seja, se a nossa vida estiver em Deus, porque assim o convidamos para entrar, o inimigo de nossas almas não terá oportunidade para reinar.

PROPÓSITO DO HOMEM

DEUS TE CONVIDA E ESPERA QUE VOCÊ O ACEITE

O INIMIGO TE PUXA PARA ELE SEM PERMISSÃO SENDO INVASIVO

PROPÓSITO DE DEUS

PROPÓSITO DO DIABO

Ilustração: Freepik

PROPÓSITO OU MISSÃO? EIS A QUESTÃO

Por que estamos falando disso? O que tem a ver com o propósito? Dependendo de onde está o nosso coração, está a sua fonte de vida, onde brota o seu propósito de existir que vai direcionar os seus passos. Em Salmos 51:10: "Cria em mim um coração puro, ó Deus, e renova dentro de mim um espírito estável". Em Lucas 6:45: "O homem bom tira coisas boas do bom tesouro que está em seu coração, e o homem mau tira coisas más do mal que está em seu coração, porque a sua boca fala do que está cheio o coração". Não tem como, vamos transbordar o que existe dentro de nós. Estamos vivendo constantemente uma luta do bem e do mal e é preciso decidir onde queremos estar.

Uma das coisas mais lindas que podemos perceber sobre o propósito e a espiritualidade é que, assim como Deus tem um propósito e somos a sua imagem e semelhança (em Gênesis 1: 26,27, "E disse Deus: Façamos o homem à nossa imagem, conforme a nossa semelhança; e domine sobre peixes do mar, e sobre as aves dos céus, e sobre o gado, e sobre toda a terra, e sobre todo o réptil que se move sobre a terra. E criou Deus o homem a sua imagem; à imagem de Deus o criou; homem e mulher os criou"), Ele, com sua tamanha perfeição nos formou, homens e mulheres com um propósito específico e especial, exatamente como Ele. Até nesse sentido do propósito, Deus nos fez semelhantes a Ele.

Deus criou Lúcifer com um propósito, ser o guardião e o protetor nos céus, um dos mais importantes querubins. Ao se revoltar e ao ser expulso, agora como Satanás, tem como propósito destruir os bons feitos de Deus, levando o homem a viver com ele, o adorando e fazendo-os agir como ele age. Ele quer levar o ser humano ao fogo ardente do inferno para a eternidade com ele. Prova disso é o que diz em João 8:44, em um momento de alerta aos pecadores: "Vocês pertencem ao pai de vocês, o Diabo, e querem realizar o desejo dele. Ele foi homicida desde o princípio e não se apegou à verdade, pois não há verdade nele. Quando mente, fala a sua própria língua, pois é mentiroso e pai da mentira".

Deus criou Jesus com um propósito, salvar a humanidade das garras de Satanás. Nos livrar do pecado e da morte eterna. Como diz em João 5:24:

CAPÍTULO 5 - PROPÓSITO E ESPIRITUALIDADE

"Eu asseguro: quem ouve a minha palavra e crê naquele que me enviou tem a vida eterna e não será condenado, mas já passou da morte para a vida". Ao encontrarmos o nosso propósito, estejamos na luz e realizemos para fazer a vontade de Deus Pai e viver o bem sendo luz onde formos.

Para concluir, é preciso entender que, quando nós temos um propósito forte de vida, Ele nos impulsiona a viver. Como já aprendemos, o propósito está dentro de nós no cerne da nossa alma, ele queima e arde o nosso coração, impulsiona a levantar todos os dias da cama e a realizar, fazer acontecer. Passando a ter uma vida relevante, que fará diferença neste mundo.

A partir do momento que descobrimos o nosso real sentido de existir, é importante que passemos por um princípio e o respeitemos para que sejamos verdadeiramente feliz, sendo este:

1º Lugar - O propósito tem que contribuir para o PROPÓSITO MASTER, para o propósito de Deus;

2º Lugar - O propósito tem que fazer a diferença em nossas próprias vidas;

3º Lugar - O propósito pode fazer diferença na vida dos outros.

Veja a imagem na sequência.

Ilustrações: Freepik

PROPÓSITO OU MISSÃO? EIS A QUESTÃO

Um dos erros de muitas pessoas é acreditar que viemos a este mundo apenas para servir e passar a vida toda doando de si de forma exagerada ao outro: seu tempo, seu amor, seus dons e talentos, seu dinheiro, sua comida, sua atenção, sua moradia, seu conhecimento, sua sabedoria, sua energia, entre outras coisas. Não significa que não possamos fazer, na verdade, isso deve ser feito, porém, antes de dar aos outros, é preciso seguir a lei. Na lei, encontramos sabedoria que nos ajuda a ter equilíbrio e saúde.

Existe um mandamento que está escrito na Bíblia em Mateus 22: 37-39: "Amarás o Senhor teu Deus de todo o teu coração, e de toda a tua alma, e de todo o teu entendimento". Este é o primeiro grande mandamento. O segundo, semelhante a este, é: "Amarás o teu próximo como a ti mesmo".

Portanto, se seguirmos com esse mesmo princípio do amor quanto à execução do nosso propósito, viveremos em equilibro e sabedoria. Afinal de contas, ninguém dá o que não tem. Isso não é um ato egoísta.

Como amar o outro se eu não me amo? Como ensinar o outro se eu não aprendo? Como ajudar o outro se eu não me ajudo? Respeitando essa lei agradaremos o coração de Deus, tendo uma vida em paz e harmonia no corpo, na alma e no espírito.

A partir do momento que descobrir o propósito de vida, em primeiro lugar, tem que ser para Deus; em segundo lugar, precisamos viver para nós, fazermos por nós, sermos beneficiados antes de beneficiar os outros. E com toda a experiência de nós para conosco mesmo, aí sim se estende para os demais.

Quando não existe o respeito dessa lei, vemos pessoas se sacrificando, cansadas, exaustas e doando além do que poderiam aos outros. Com o passar do tempo, essas pessoas notarão que estão prejudicando a si mesmas e aos demais que estão ao seu redor. Por esse motivo, vivem se cobrando em um eterno ciclo de sensação de insuficiência.

Recordo-me de um homem, de aproximadamente 40 anos, que estava no meu curso *(Re)significar*. Ao trabalhar vários pontos da sua vida,

CAPÍTULO 5 - PROPÓSITO E ESPIRITUALIDADE

chegamos ao momento em que falamos sobre a lei a ser seguida para realizar o propósito de vida aqui na terra. Ele era presidente de uma ONG que ajudava crianças carentes. Seu trabalho era muito bonito e tinha um dom específico para lidar com elas e ensiná-las. Durante o curso, no conteúdo do propósito, ele descobriu qual era o seu: resgatar vidas, possibilitando uma nova oportunidade com um novo caminho.

Ao passar pela primeira classificação do propósito, que é agradar a Deus, contribuindo para o Propósito Master, estava tudo bem, pois sabia que o que ele fazia tinha a aprovação divina. Quando seguimos para a segunda classificação, ele detectou que o que fazia para os outros não fazia para si, foi aí que entendeu porque a sua vida era tão pesada e sacrificante, apesar de amar o que fazia pelos outros.

O seu mal era não se resgatar; tinha muitas dores dentro si, muitas coisas a serem trabalhadas, muitos traumas que não se permitia tratar por medo, ele se camuflava pelo bem que fazia para as pessoas. Quanto mais ele se doava, menos tempo tinha para olhar para si. Era uma forma de compensação, mas não de uma completa solução.

A sua fala foi a seguinte: "Graças a Deus que estou aqui tendo esta oportunidade de entender o que isso significa. Graças a Deus que estou aqui e, desde o primeiro dia, tive a possibilidade de olhar para mim pela primeira vez, e me curar. Hoje eu sou um novo homem e posso sair daqui executando sim o meu propósito como me foi revelado, no entanto, descobri aqui também que já o executava e não sabia. O que muda agora é que vou seguir a lei corretamente, para que eu possa viver e ser feliz. Hoje eu sei, verdadeiramente, resgatar uma pessoa porque eu me resgatei aqui nesse curso *(Re)significar*".

Simplesmente se permita viver o seu propósito dentro da lei. Viva o seu propósito, faça a diferença, em primeiro lugar, em sua própria vida. Sem uma pressão desesperadora, sobre o muito que tem que ser entregue, sejam os seus dons e os seus talentos, o seu amor, o seu tempo, a sua dedicação, o seu dinheiro por meio das suas missões vai acontecer naturalmente.

PROPÓSITO OU MISSÃO? EIS A QUESTÃO

Descreva o significado de todo esse aprendizado na sua vida e o compromisso que gera dentro de você.

CAPÍTULO 6
A GRANDE DESCOBERTA

CAPÍTULO 6 – A GRANDE DESCOBERTA

Richard A. Bowell estabeleceu uma distinção entre os três Qs, os três tipos de inteligências que o homem pode ter, comprovadas cientificamente. Ele afirma que:

QI - Inteligência Intelectual é a inteligência que procura entender o "quê";

QE – Inteligência Emocional é a inteligência que procura entender o "como";

QS – Inteligência Espiritual é a inteligência que procura entender o "porquê".

Como seres humanos que somos, temos por natureza a necessidade de buscar a fonte nutriente do nosso ser, que nos gera vida e nos faz conectar com a grandeza do universo. Como pensadores que somos, temos a carência das respostas sobre as questões da vida. Temos a necessidade de entender o sentido das coisas, até mesmo para nos convencermos.

Segundo Bowell, quando questionamos buscando a resposta sobre o "que": O que está acontecendo? O que é isso? É um sinal da nossa mentalidade lógica que precisamos compreender de forma tangível, ter uma resposta que nos convença. Exemplo do que estamos vivendo sobre esse conteúdo: O "que" é propósito?

Ele continua afirmando que nós, seres humanos, quando questionamos o "como": como pode ter acontecido? Como identificamos? É um reflexo de que as nossas emoções querem entender o caminho das coisas, de como estão acontecendo. Exemplo também do que estamos vivendo sobre esse conteúdo: "Como" vamos viver o nosso propósito?

Com maior profundidade, queremos ir além e precisamos de justificativas, de um entendimento mais profundo para compreender melhor o "que" acontece e "como" acontecem as coisas deste mundo. Buscamos o fundamento que está ligado a um poder espiritual. Portanto, todas as vezes que questionamos o "por quê": por que aconteceu isso? Por que tem que ser assim? É a comprovação de que buscamos entender o que está por trás dos fatos. Exemplo do que estamos vivendo sobre esse conteúdo: "Por que" eu existo?

Um fato para o qual quero chamar a atenção é trazer a oportunidade da percepção sobre a nossa conjugação verbal. Quando questionamos sobre "por que", buscamos uma justificativa que está atrelada ao passado, uma resposta apenas para nos confortarmos, o que não nos garante ação e mudança.

Uma dica importante, se você quer ser uma pessoa bem desenvolvida espiritualmente, comece a questionar o "para quê". O "para quê" tem também uma fundamentação espiritual, o que muda de um para o outro é que, dessa forma, não buscamos justificativas ficando no passado, e sim, uma compreensão que nos impulsiona para o futuro.

Enquanto o "por que" nos acomoda, o "para que" nos impulsiona.

Como seres humanos, temos a necessidade inata de uma conexão maior com o todo. Desejamos clarificar em nossas mentes o real sentido de tudo que movimenta a vida; portanto, questionamos.

Chegamos a um estágio do nosso processo de conhecimento do propósito muito importante. Sabemos o que é o propósito, inclusive qual a diferença da missão, e ou missões, e do propósito, assim como a sua importância e que todos nós, seres humanos, temos um propósito de existir. A pergunta é: Qual é o propósito de existir?

DESCOBRIR QUAL É O PROPÓSITO

Ao compreender que o propósito é único e individual, não é possível transferi-lo a outra pessoa, o máximo que conseguimos é compartilhar missões pela conexão das nossas intenções, existe a carência de encontrar esse sentido que dá motivo à vida. Saber claramente o nosso sentido de viver independe de outras pessoas. Essa resposta está mais perto do que possa imaginar. Ela está dentro de você. Somente você é quem conseguirá chegar à sua conclusão.

Qual é o meu propósito? Algumas das perguntas mais profundas que pouquíssimas pessoas fazem a si, mas que são extremamente relevantes

CAPÍTULO 6 - A GRANDE DESCOBERTA

e devem ser feitas em algum momento da vida, serão analisadas a partir de agora. Para isso, é preciso parar um tempo suficiente para analisar e concluir com respostas claras e assertivas.

- ▶ Quem eu sou?
- ▶ Qual o motivo de eu existir?
- ▶ Para que eu estou vivo?
- ▶ O que eu vim fazer neste mundo?
- ▶ Qual é o meu significado?
- ▶ Qual é o meu lugar na Terra?
- ▶ Qual é o meu propósito?

Quero que pare para pensar um pouquinho. Em algum momento da sua vida você já se questionou sobre isso? Já tinha feito essas perguntas a si mesmo? Encontrou alguma resposta? Se você passou pelo curso *(Re)significar*, até compreendo a sua afirmação, se não passou, além de te convidar para fazer o curso, pois viverá com intensidade experiências emocionais e espirituais, ouso dizer que dificilmente tenha chegado ao ápice dessas respostas.

Após passar pelo processo sobre tudo o que já vivenciamos na caminhada deste conteúdo de propósito, estamos cientes da importância do respeito da interligação em saber primeiro o que é propósito na íntegra; na sequência, descobrir o seu propósito; e, só por último, viver o propósito. Agora, creio que você está pronto para a sua descoberta.

Nessa fase, será preciso sair da leitura compreensiva em que o conhecimento era o fator principal. Nesse instante, você terá que ser ativo na disposição de imergir, aplicando as ferramentas propostas em sua vida. Somente assim será possível terminar este livro com maior efetividade e a conquista das respostas que tanto almeja.

A partir de agora, vamos passar por cinco fases.

1. DONS E TALENTOS

Não é em vão que temos os nossos dons e talentos específicos e individuais. Isso nos faz sermos muito diferentes uns dos outros.

O dono do Propósito Master, Deus, que nos planejou de forma extremamente assertiva, precisa e perfeita para o que nós individualmente viemos fazer neste mundo, sabia qual seria o nosso propósito quando nos enviou para este plano físico, por isso nos aperfeiçoou e colocou em nós o que exatamente precisaríamos. Os seus dons e talentos estão diretamente ligados ao seu propósito, por isso é preciso se desdobrar um momento em autoanálise para clarificar diretamente a si mesmo.

Vamos entender primeiro qual a diferença entre dons e talentos. Dons são todas as qualidades e habilidades que você tem desde criança. Os seus dons são inatos, nasceram com você e foram sendo perceptíveis enquanto ainda era criança. Por exemplo, o dom do equilíbrio, da pintura, da música, da língua, de ajudar, de cozinhar, de ensinar, de liderar, de independência, de estudar, de ser carismático, de ser amoroso, da gratidão, da comunicação, de comercializar, entre outros, que só você sabe quais são os seus.

Talentos são todas as qualidades e habilidades que você foi conquistando ao longo da vida pelas experiências e aprendizados em diversos sentidos, advindos dos lugares que frequentou, das pessoas com quem conviveu e se relacionou e da dedicação e do esforço em evoluir em algo importante para você. Por exemplo, o talento de ser mãe ou pai, de perdoar, de servir, de liderar, de doar, de organizar, de planejar, de ser estratégico, de ouvir, de esperar, de questionar, de falar, de se posicionar, entre outros, que só você sabe quais são os seus.

A partir de agora, se for possível, convido você para colocar uma música agradável, que traga conforto, para que medite sobre seus dons e talentos; transcreva-os a seguir e os deixe visíveis, facilitando as próximas fases pelas quais passará nesse processo da descoberta do seu propósito.

A seguir, coloque o máximo de dons e talentos nas tabelas. Se houver dúvida, leia algumas sugestões que se encontram após as tabelas.

CAPÍTULO 6 - A GRANDE DESCOBERTA

Dons:

1.
2.
3.
4.
5.
6.
7.
8.
9.
10.

Talentos:

1.
2.
3.
4.
5.
6.
7.
8.
9.
10.

Como sugestão, caso tenha dificuldade em descobrir seus dons e talentos, pare um pouquinho e questione pessoas que conhecem você e serão sinceras em falar o que conseguem detectar em sua personalidade. Não há problema algum em solicitar ajuda aos outros.

PROPÓSITO OU MISSÃO? EIS A QUESTÃO

Só quero ressaltar que, se estiver com muita dificuldade para trazer as informações por você mesmo, é um sinal de que precisa ter uma intimidade maior consigo, ou seja, de se conhecer melhor. O ponto principal, provavelmente, está no reconhecimento da sua identidade emocional, do seu eu, o qual trabalhamos fortemente no curso *(Re)significar*.

Reforço que, independentemente de qualquer coisa, ao sentir necessidade, peça que outras pessoas te ajudem nessa avaliação. Outra forma para facilitar é trazer à tona essas informações, leve um tempo pensando em histórias que vivenciou desde criança e ao longo de toda a sua vida. Lembre o que se destacou em você, o que utilizou para conseguir tal resultado.

Se houver dúvidas se o que detectou é um dom ou um talento, não se preocupe em ser totalmente fiel na colocação das tabelas, porque o mais importante é você conseguir identificar tudo o que existe em você. Se por ventura se lembrar de alguns dons e talentos que um dia, lá no passado, existiam e hoje não utiliza mais, não significa que não existem em você. Na realidade, existem e são seus, o fato é que apenas deixou de usá-los, porém, a qualquer momento, você pode resgatá-los.

Ao terminar de classificar, sugiro que, se possível, vá à frente de um espelho, com o seu livro em mãos, olhe no fundo dos seus olhos, leia afirmando cada dom e talento, gerando emoção suficiente, e detecte a força que tem em você e o quanto é especial.

Após identificar os seus dons e talentos, coloque na sequência a sua percepção.

CAPÍTULO 6 - A GRANDE DESCOBERTA

2. PRINCÍPIOS E VALORES

Os princípios e valores, assim como os dons e talentos, estão interligados com o seu propósito de vida e precisam ser evidenciados para que possa identificar o quanto são importantes na sua vida e tem um significado profundo.

Vamos agora entender qual a diferença entre princípios e valores. Princípios são regras, leis ou normas, que definem as formas que devem ser seguidas na concepção da pessoa. A conceituação dos princípios está relacionada ao começo de algo. Em qualquer lugar do mundo, princípios são incontestáveis e devem ser seguidos para que deem certo; caso contrário, provavelmente terá consequências desagradáveis. Seguem exemplos de princípios que não necessariamente são os seus, aqui é apenas para gerar entendimento: não matar, não roubar, ser honesto, ter bom caráter, respeito à pátria, honrar pai e mãe e assim por diante.

Valores são o conjunto de definições do que é importante para uma pessoa, determinam a forma como ela se comporta, interage e prioriza diante dos relacionamentos com outros indivíduos e com o meio ambiente. É o que de fato é importante para a pessoa, dos quais não abre mão, pois transgredir os valores, ou algum deles, é como se estivesse se agredindo ou sendo agredida por alguém. Os valores podem ser abstratos ou concretos. Seguem exemplos de valores que não necessariamente são os seus, aqui é apenas para gerar entendimento: Deus, amor-próprio, amor ao próximo, fidelidade, lealdade, verdade, justiça, família, filhos, casamento e assim por diante.

A partir de agora, se for possível, convido você para colocar uma música agradável, que traga conforto, para que medite em seus princípios e valores, transcreva a seguir para que os tenha visíveis, facilitando as fases que ainda passarão nesse processo da descoberta do seu propósito.

A seguir, coloque o máximo de princípios e valores nas tabelas. Se houver dúvida, leia algumas sugestões que se encontram após as tabelas.

PROPÓSITO OU MISSÃO? EIS A QUESTÃO

Princípios:

1.
2.
3.
4.
5.
6.
7.
8.
9.
10.

Valores:

1.
2.
3.
4.
5.
6.
7.
8.
9.
10.

Como sugestão, caso tenha dificuldade de descobrir seus princípios e valores, pare um pouquinho e questione pessoas que conhecem você e serão sinceras em falar o que conseguem detectar em sua personalidade. Não há problema algum em solicitar ajuda aos outros.

Da mesma forma que citado anteriormente, quanto mais dificuldade de autoanálise em responder sobre você, significa que precisa desenvolver

CAPÍTULO 6 - A GRANDE DESCOBERTA

urgentemente a sua identidade emocional. Convido você, mais do que depressa, para participar do curso *(Re)significar*, pois está ficando mais evidente a necessidade do seu autoconhecimento.

Mais uma vez, reforço que, independentemente de qualquer coisa, ao sentir necessidade, peça que outras pessoas te ajudem nessa avaliação. Outra forma para facilitar e trazer à tona essas informações: leve um tempo pensando em momentos que foram significativos e responda porque foram importantes. A resposta, provavelmente, são os seus valores. Por sua vez, analise outros momentos em que se sentiu incomodado e se questione o porquê, o inverso da resposta, provavelmente, é o seu valor. Por exemplo: fiquei incomodado porque houve mentira. Então, o valor para você é a verdade.

Se houver dúvidas, se o que detectou é um princípio ou um valor, não se preocupe em ser totalmente fiel na colocação das tabelas, porque o mais importante é conseguir identificar tudo que existe em você.

Ao terminar de classificar, sugiro que, se possível, vá à frente de um espelho, com o seu livro em mãos, olhe no fundo dos seus olhos e leia, afirmando cada princípio e valor, gerando emoção suficiente, detecte a força que eles têm em você.

Após identificar os seus princípios e valores, coloque na sequência a sua percepção.

3. HISTÓRIA DA SUA VIDA

A história da sua vida diz muito a respeito do seu propósito de existir. É um dos pontos mais importantes desse processo. Todas as experiências que passou tiveram um sentido, por mais que no passado eram incompreendidas, com a força e o entendimento do propósito, você perceberá que se conectam.

É importante trazer o máximo da sua história, se possível, desde a gestação, infância, fases na escola, igreja, bairro, cidade, amigos, familiares, entre outros. Como também na fase adulta: casamento, empregos, viagens, filhos, esportes, relacionamentos, entre outros.

Haverá histórias positivas de aprendizados, também histórias que aparentemente foram negativas, porém, perceberá que não foram em vão, tinha um sentido para que vivesse tudo o que viveu. Esse momento não é para gerar nenhum tipo de dor. Portanto, atenção, não deixe o vitimismo te dominar, não é essa intenção, lembre-se de que está no controle da sua vida, não permita vir nenhum tipo de engano mental que gere autossabotagem. Se chegou até aqui na leitura deste livro, é porque é vencedor. A intenção é que perceba que tudo passou e hoje você evoluiu, além disso pode se ajudar, como ajudar outras pessoas. Se recorde da história de José: ele sofreu sim, mas também viveu momentos maravilhosos e todas as suas experiências o fizeram ser quem ele foi, e o mais relevante, entendeu a importância de tudo o que passou na vida. Que seja assim com você também!

Ao colocar as suas histórias, não precisa pensar em escrevê-las com todos, absolutamente todos os detalhes, senão acabará escrevendo o livro da sua história, e não é esse o objetivo. Peço que, ao classificar, coloque apenas tópicos, uma linha basta, será o suficiente para identificar cada ponto das histórias que quis evidenciar.

A partir de agora, se for possível, convido você para colocar uma música agradável, que traga conforto, para que medite sobre sua história de vida e transcreva em tópicos, como explicado anteriormente, facilitando as próximas fases que passará nesse processo da descoberta do seu propósito.

CAPÍTULO 6 - A GRANDE DESCOBERTA

Aqui, você levará um tempo maior, então é importante que se concentre.

PROPÓSITO OU MISSÃO? EIS A QUESTÃO

Como sugestão, caso tenha dificuldade de relembrar pontos importantes da sua história de vida, pare um pouquinho e questione pessoas que conhecem você e que te ajudarão com essas informações. Não há problema algum solicitar que pessoas que acompanharam você nessa trajetória ajudem.

Caso tenha tido muita dificuldade em fazer a análise da sua história de vida devido a algumas dores do passado que ainda não foram tratadas, sugiro que faça algum tipo de acompanhamento psicológico e busque cursos que ajudem na evolução do desenvolvimento pessoal. E se assim você se permitir, passe pelo processo do curso *(Re)significar,* em que serão desenvolvidos outros pontos da sua vida. Reforço mais uma vez que, independentemente de qualquer coisa, ao sentir necessidade, peça que outras pessoas ajudem nessa avaliação.

Ao terminar de classificar, sugiro que, se possível, vá à frente de um espelho, com o seu livro em mãos, olhe no fundo dos seus olhos, leia, afirmando cada tópico da sua história, veja o quanto aprendeu e como você é vencedor.

Após identificar suas histórias, coloque na sequência a sua percepção geral.

CAPÍTULO 6 - A GRANDE DESCOBERTA

4. BUSCANDO O SEU PROPÓSITO

Chegou o seu momento, o encontro mais esperado. Acredite, você está preparado para viver essa nova fase da sua vida.

Para que consiga detectar o seu real sentido de existir, é importante que fique sozinho e em silêncio, em um lugar de paz e harmonia. Não tenha pressa, esqueça o relógio e se permita viver um tempo somente para você. Se conecte com Deus, com a sua espiritualidade, ore e fale com Ele para que te mostre tudo o que for preciso para a descoberta do seu propósito. Coloque uma música que lhe agrade e permita se concentrar com o seu "eu" mais profundo.

Na sequência, responda a cada uma das perguntas a seguir. Não se preocupe em responder na ordem correta, simplesmente deixe fluir. É preciso entender que não há respostas certas ou erradas. As respostas são as verdades que existem dentro de você.

Mesmo que pareça que as respostas sejam semelhantes, não tem problema, o que importa é você detectar que uma fortifica a outra e solidifica a conclusão do seu propósito.

Abaixo de cada pergunta, estará uma descrição para que entenda melhor o que ela quer dizer.

Está preparado? Então, vamos começar.

▶ Quem eu sou?

PROPÓSITO OU MISSÃO? EIS A QUESTÃO

Esta é uma pergunta direcionada a sua identidade. Quem você é. Está relacionada as suas características positivas, não no sentido físico, mas sim emocional e comportamental.

▶ **Qual o motivo de eu existir?**

A pergunta é para que analise o porquê você está vivo. Pode ser que não pudesse estar mais aqui neste mundo, porém, está tendo chance de viver. Então, responda o porquê.

▶ **Para que eu estou vivo?**

CAPÍTULO 6 - A GRANDE DESCOBERTA

Você terá uma trajetória. Olhando para o seu futuro, identifique qual a diferença você fará.

▶ **O que eu vim fazer neste mundo?**

Você veio fazer algo especial para essa geração, traga como resposta o que fará de diferente, que seja fácil, agradável e possível para você.

▶ **Qual é o meu significado?**

PROPÓSITO OU MISSÃO? EIS A QUESTÃO

Qual é a marca que você quer deixar nesta terra, qual é o seu legado, o que simboliza a sua vida.

▶ **Qual é o meu lugar nesta terra?**

Não necessariamente estamos falando no sentido físico, e sim quanto ao seu posicionamento. Você foi feito para estar como?

▶ **Qual é o meu propósito?**

Por fim, a pergunta que tanto desejamos saber a resposta. Provavelmente, ela é a junção das respostas anteriores.

É importante que a sua frase do propósito não seja mais que duas linhas. Caso escreva um texto, resuma em duas linhas, para que tenha o seu propósito muito fácil de ser falado por você.

Para facilitar ainda mais ou ter a certeza se o seu propósito é o que

CAPÍTULO 6 - A GRANDE DESCOBERTA

identificou, sugiro que volte em todas as suas avalições, desde os dons e os talentos, passe pelos princípios e valores, assim como também pela sua história de vida e as perguntas anteriores. Pegue uma caneta colorida e grife as palavras que se repetem. Coloque-as separadamente em um papel e, com elas, forme frases, até que consiga concluir exatamente o que faz sentido para você e defina a frase mais importante e impactante que mexeu com suas emoções e fez sentido por tudo que já viveu neste mundo.

Ao concluir, questiono: você se emocionou? Sentiu o seu coração bater forte? Teve algum tipo de reação física, emocional ou espiritual?

Escreva na sequência para que tenha registrado esse momento tão importante, único e significante na sua história de vida.

Parabéns por sua dedicação e coragem! Estou orgulhosa de você.

Saiba que agora você tem uma responsabilidade muito grande com Deus, consigo e com as pessoas.

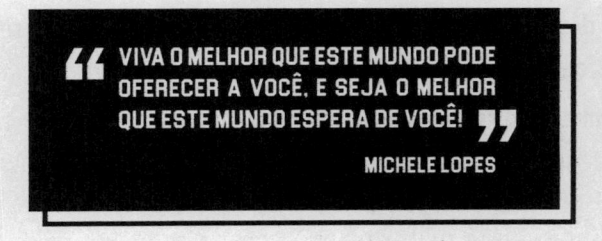

> ❝ VIVA O MELHOR QUE ESTE MUNDO PODE OFERECER A VOCÊ, E SEJA O MELHOR QUE ESTE MUNDO ESPERA DE VOCÊ! ❞
> MICHELE LOPES

Caso não tenha conseguido concluir e esteja se questionando, não fique

133

triste ou frustrado. Lembre-se de que existe o tempo certo da maturidade e, com certeza, está passando pelo processo de evolução. Daqui um tempo, leia o livro novamente e responda às perguntas. Além disso, convido você para participar do curso *(Re)significar,* buscando mais esse caminho como oportunidade. Entenda que você está muito mais perto do seu propósito agora e, por isso, é motivo de comemorar e celebrar, não deixe nada tirar a alegria da evolução que já conquistou apenas lendo este livro.

Aristóteles disse o seguinte: "Quando as suas autênticas qualidades se cruzam com as necessidades do mundo, aí nasce a sua vocação, o seu Propósito".

5. RESPEITO À LEI DO PROPÓSITO

Como dito no capítulo sobre propósito e espiritualidade, existe a lei do propósito que deve ser seguida e respeitada para que haja plenitude e felicidade.

A lei é:

1º lugar: o seu propósito precisa agradar a Deus, tem que contribuir em primeiro lugar com o Propósito Master. Em seu coração, o seu propósito precisa honrar a Deus acima de todas as coisas. Essa é uma forma de adoração a Ele;

2º lugar: o seu propósito precisa fazer diferença em sua vida. É fundamental que tenha praticado em você e vivenciado a real mudança. Por entender a importância desse propósito em sua vida, aí sim está na hora certa de impactar o mundo. Lembre-se de que ninguém dá o que não tem;

3º lugar: o seu propósito precisa alcançar outras pessoas, podendo ser conhecidas ou desconhecidas, que estão perto ou longe de você. O seu propósito é levar aos outros a mudança que causou em si mesmo.

Escreva novamente o seu propósito de vida.

CAPÍTULO 6 - A GRANDE DESCOBERTA

Complete o símbolo com caneta de cor verde ou azul se está respeitando devidamente a ordem correta da lei e com caneta de cor vermelha ou preta se está desrespeitando a ordem correta da lei.

Escreva na sequência o que está acontecendo hoje e o compromisso que faz para mudar essa situação.

Faça as mudanças que forem necessárias diante do que percebeu sobre a lei do propósito, para que realmente viva uma vida de paz e harmonia com Deus, você e o universo.

PROPÓSITO OU MISSÃO? EIS A QUESTÃO

Agora, veja esta frase que digo sempre para quem descobriu o seu propósito de existir.

> **NÃO ADIANTA NEGAR O PROPÓSITO SE VOCÊ JÁ O DESCOBRIU. SE ASSIM O FIZER, SERÁ UM ATO SUICIDA.**
> MICHELE LOPES

Impactante e profundo, não? Se você descobriu o seu propósito, não adianta negar, tem um valor extraordinário. Com a descoberta, vem a responsabilidade sobre as suas ações daqui para frente, portanto, assuma o que Deus entregou em suas mãos, honre-o em fidelidade e obediência; com certeza, alegrará o coração de Deus.

> **TER UM PROPÓSITO NA VIDA, UMA RAZÃO CLARA PARA LEVANTAR DE MANHÃ, É ESSENCIAL PARA O CRESCIMENTO NA SUA TOTALIDADE. TER UM OBJETIVO É SABER QUE HÁ UM DIRECIONAMENTO NO QUE DEVE SER FEITO. É ENTENDER QUE O PROPÓSITO DEVE PERMANECER POR TODA A VIDA E QUE ELE VALE A PENA!**
> MICHELE LOPES

Descreva o significado desse aprendizado na sua vida e o compromisso que gera dentro de você.

CAPÍTULO 7

VIVENDO O PROPÓSITO NA PRÁTICA

CAPÍTULO 7 - VIVENDO O PROPÓSITO NA PRÁTICA

Você já é uma pessoa com propósito. Na realidade, o propósito sempre existiu em você, o que aconteceu é que agora você o descobriu. O que estava oculto lhe foi revelado.

O propósito gera vida e dá sentido a ela. Creio que, nesse momento, está sentido essa emoção. Escamas caíram dos seus olhos e é possível enxergar a vida linda como Deus fez.

Essa vida sempre esteve preparada para todos nós e o que impedia eram apenas os enganos mentais das ciladas armadas para que não vivêssemos o real sentido de existir.

Viver com propósito nos direciona em tudo na vida, cada tomada de decisão será analisada, consciente ou inconscientemente, diante do nosso propósito. Ele nos incomodará se algo estiver errado, assim como também nos dirá: siga em frente, faça, vá, realiza, está correto. Nos dando a certeza em qual direção percorrer.

Imagine quantas coisas mudam daqui para frente. As nossas escolhas de hoje determinam o nosso futuro. Com mais sabedoria e discernimento, tudo o que fizer será firmado no propósito.

O propósito deixa um legado, uma marca que será lembrada pelas próximas gerações. A lembrança que ficará na memória das pessoas é o quanto fizemos diferença positivamente para elas e para este mundo. O quanto a nossa vida tinha valor, o quanto fomos exemplos, quantos ensinamentos direcionados pelo nosso falar, ou até mesmo pelo nosso calar, do silêncio fundamentado na completa sabedoria do momento certo, do saber esperar, ouvir, meditar, assim como do agir, planejar e organizar. Em quantos sentidos podemos ser lembrados. Essa é a vida que está preparada para todos nós e você se inclui nela diante da descoberta do seu propósito.

Lembranças que ficarão como marcas que sustentarão as novas gerações para que sigam num processo de evolução melhores do que recebemos um dia. Viemos construir e não destruir, por isso precisamos do alicerce adequado, que nos sustentará para sermos fortes quando o vento soprar, quando a maré estiver contra ou a nosso favor.

Não importa se as memórias serão apenas lembranças ou marcos tangíveis que geram um significado: obras sociais, ONGs, escolas, igrejas, empresas, patrimônios, fazendas, hospitais, construção de uma comunidade, um bairro, uma cidade, um país, estudos científicos desenvolvidos, métodos e metodologias aplicadas, ou até mesmo um livro como este. Por trás dessas, estará um nome, uma placa com uma foto, uma rua, um bairro, uma praça com um memorial ou até mesmo um museu para recordar o seu marco. Tudo isso é muito válido, porém, não substitui as ações, as intenções, os fundamentos, os objetivos, o amor, a compaixão, o desejo e a vontade de não passar por este mundo sem ser percebido; pelo contrário, deixar uma pontinha de si de alguma forma.

A única coisa que temos certeza é de que tudo passará. Que o vento não leve e apague o que está construindo; pelo contrário, que fique firme, mesmo de forma intangível, gravada no DNA memorial das próximas gerações, ainda que seja inconscientemente para eles.

Veja a igreja a seguir.

Imagem: Freepik

Quando olhamos para as grandes obras, como a Catedral de Colônia, na Alemanha, projetada para ser uma igreja gótica, majestosa, alta e elegante, abrigar a arca dos três reis magos: Baltazar, Melchior e Gaspar, entendemos o

CAPÍTULO 7 - VIVENDO O PROPÓSITO NA PRÁTICA

sentido do propósito. Sua construção levou mais de 600 anos para ser finalizada (entre os anos de 1248 a 1880) por conta de diversos desafios, como falta de dinheiro, Segunda Guerra Mundial, interesses políticos e protestos, mas atingiu o objetivo e ficou consagrada na época como o prédio mais alto do mundo. Podemos imaginar que alguém se levantou para iniciar essa grande obra.

> A ÚNICA COISA QUE TEMOS CERTEZA É DE QUE TUDO PASSARÁ. QUE O VENTO NÃO LEVE E APAGUE O QUE ESTÁ CONSTRUINDO; PELO CONTRÁRIO, QUE FIQUE FIRME MESMO DE FORMA INTANGÍVEL GRAVADA NO DNA MEMORIAL DAS PRÓXIMAS GERAÇÕES, AINDA QUE SEJA INCONSCIENTEMENTE PARA ELES.

Vamos imaginar que alguns engenheiros, arquitetos, projetistas, mestres de obras, pedreiros, pintores, encanadores e tantos outros passaram e executaram os seus serviços, todos eles contribuíram para a concretização dessa obra. Como essa construção demorou 600 anos para ficar pronta a ponto de poder ser utilizada, é possível que os primeiros que iniciaram a obra viram-na terminada? Provavelmente não, certo? Portanto, se aqueles que iniciaram a obra tivessem em si a arrogância de dizer: essa construção levará muitos anos, nem estarei aqui para vê-la terminada, então, para que começar, não farei. Será que hoje essa catedral existiria?

Nessa metáfora apresentada, trago a comparação para a nossa vida com propósito. Quem tem propósito não se preocupa em terminar, só se preocupa em começar. Quem tem propósito não se preocupa de quem serão os méritos, precisa simplesmente realizar, até porque o grande beneficiado, dono da honra e da glória, será o dono do Propósito Master. Quem tem propósito quer fazer a diferença em seu meio no período possível.

E se tiver que passar o "cajado" adiante, está tudo bem, porque agora a responsabilidade não é mais dele, é do dono do Propósito Master, e Ele poderá trazer outro para continuar a boa obra especial.

Vamos imaginar que dentro de uma catedral tem um lustre central maravilhoso. Não dentro dessa catedral de Colônia, na Alemanha, porque sei que não tem, mas imagine em outra linda catedral essa luminária.

PROPÓSITO OU MISSÃO? EIS A QUESTÃO

Ela ilumina todo espaço trazendo harmonização e luxo ao ambiente, assim como conforto e uma sensação muito agradável.

No fundo da catedral, também tem uma luz de emergência. Ela é discreta, fica num cantinho, é mais simples e só acende em rituais pontuais.

Pergunta: qual das duas luzes é a mais importante na sua visão? Descreva na sequência e justifique.

Ambas são importantes, porque cada uma tem a sua função específica e o seu valor. A catedral precisa das duas luzes. Uma para ambientar e atrair as pessoas a entrarem na catedral, outra para socorrer em um momento de urgência e necessidade.

A resposta é: são as duas.

Assim somos nós, com propósitos diferentes. Deus, quando nos fez, sabia se nos colocaria como luminária central ou como luz de emergência. Todos têm o seu espaço reservado e especial o qual ninguém substitui. A não ser que nós mesmos o rejeitemos por não estarmos fazendo a função correta; não serviu, troca. Lembra que falamos em capítulos anteriores que, quando não executamos, Deus precisa levantar outro, porém deixando claro mais uma vez que Ele só toma essa ação se não fizermos a nossa parte porque o propósito d'Ele não muda, foi assim com o Rei Saul e o Rei Davi, como já citado em outro capítulo.

CAPÍTULO 7 - VIVENDO O PROPÓSITO NA PRÁTICA

Lembra também que não dá para passarmos o nosso propósito para outro e pedir que o realize por nós, porque cada um tem a sua função com o seu valor especial.

Nem todos nasceram com um propósito de estar sempre em destaque perante as mídias sociais, os nomes mais famosos do mundo. Nem todos nasceram para ter grande status, trafegar onde há dinheiro em demasia. Nem todos nasceram para estar no palco, na vitrine, chamando a atenção.

Têm pessoas que nasceram para fazer a diferença na sua família, no seu bairro, na sua comunidade, na sua igreja, na sua escola em geral, nas suas proximidades, de uma maneira mais discreta e simples.

Todos nós nascemos para servir, porém, em proporções diferentes. E está tudo certo assim. O dono do Propósito Master, Deus, sabia o que Ele precisava aqui na terra e te escolheu para uma boa obra especial e cada um tem a sua boa obra especial que não é a mesma de outras pessoas. Podemos admirar, galgar sempre o crescimento e a evolução, mas um alerta fica aqui, busque o seu lugar e não o lugar do outro, a inveja só trará angústia e te deixará distante de uma vida feliz, em paz e harmonia. Saiba qual é o seu lugar nesta terra diante do seu propósito.

Muitos podem pensar que apenas algumas pessoas especiais têm um propósito de vida, aqueles que não há como negar suas passagens no mundo, os sábios e os especialistas, tal qual Albert Einstein, Galileu Galilei, Isaac Newton, entre outros. No entanto, a história está repleta de contribuições feitas por pessoas comuns, que não fizeram grandes descobertas, não fizeram algo totalmente novo, nem tiveram uma grande ideia, afinal, quase toda nova criação é uma extensão construída, baseada em ideias anteriores. A grande sacada está na paixão por fazer a diferença de alguma maneira, isto é o que mais conta. Em uma linguagem figurada, deixe a paixão pelo propósito inflamar seu coração, deixe-a queimar dentro de você, pegue fogo e contagie outras pessoas como você.

Preste atenção na frase a seguir que falo dentro do curso *(Re)significar*.

> **QUEM TEM PROPÓSITO NÃO TEM NECESSIDADE DE DESTAQUE; O FOCO É FAZER A DIFERENÇA NO MEIO EM QUE VIVE. CASO O DESTAQUE ACONTEÇA, É APENAS UMA CONSEQUÊNCIA.**
>
> **MICHELE LOPES**

Quem tem propósito não faz porque quer aparecer, pois precisa de honras e glórias para si. Quem tem propósito pouco se importa com isso, só se preocupa em fazer e realizar por fidelidade e obediência a Deus, pois o completo e profundo entendimento em estar cumprindo o seu propósito é por saber que está contribuindo para o Propósito Master, isso sim é o que mais importa.

Muitos acabam, infelizmente, se posicionando como os falsos humildes a ponto de dizer "não me aplaudam", no sentido de temer em receber a honra, porém gritam dentro de si a necessidade extrema das honrarias e de serem reconhecidos. Essa é a fonte que alimenta o seu muito fazer e não o real propósito.

Quem tem propósito recebe os aplausos e os eleva a Deus por saber que foi apenas instrumento conduzido por Deus diante da sua obediência. Sendo assim, conduz as pessoas a esse reconhecimento, que toda a honra e glória é para Deus, pois estamos aqui para adoração por meio dos nossos bons feitos.

Continue assim, com um coração quebrantado, humilde em receber a revelação de Deus em sua vida.

Leia a parábola a seguir que está em Lucas 18: 9 a 14:

> a alguns que confiavam em sua própria justiça e desprezavam os outros, Jesus contou a parábola: dois homens subiram ao templo para orar; um era fariseu e outro publicano. O fariseu, em pé, orava no íntimo: "Deus, eu te agradeço porque não sou como os outros homens: ladrões, corruptos, adúlteros; nem mesmo como este publicano. Jejuo duas vezes por semana e

CAPÍTULO 7 - VIVENDO O PROPÓSITO NA PRÁTICA

> dou o dízimo de tudo quanto ganho". Mas o publicano ficou à distância. Ele nem ousava olhar para o céu, mas, batendo no peito, dizia: "Deus, tem misericórdia de mim, que sou pecador". Eu digo que este homem, e não o outro, foi para a casa justificado diante de Deus. Pois quem se exalta será humilhado, e quem se humila será exaltado.

O que a parábola quer nos ensinar é que, independentemente de quem somos e do que fazemos, Deus vê o nosso coração e a nossa intenção, portanto, tudo o que fizermos daqui para frente que esteja baseado no nosso propósito e no sentido da vida que Deus deu a nós.

Nesse momento, você terá a oportunidade de conhecer duas histórias que considero muito importantes e que compartilharei com você.

▷▷▷

Olá! Eu me chamo Michele Lopes, nasci em 1979, sou mãe de um casal de gêmeos maravilhosos chamados Enzo e Valentina. Sou casada, desde 2003, com Fabio Meirelles. Eu também sou a autora deste livro que está impactando a sua vida. Faço questão de ser a primeira a contar a você como descobri o meu propósito de vida e o quanto isso fez e faz toda diferença sobre o meu existir.

Profissionalmente, sou a desenvolvedora de todos os métodos criados pela empresa Move Mind, como os cursos: *(Re)significar*, *(Re)significar* Teen, Formação em *Mentoring*, Formação em *Coaching*, Formação em *Neuromentoring*, Formação de Palestrantes e Oradores, entre outros. Além de atendimentos individuais de *mentoring* e *coaching*, como também consultoria empresarial. Com tudo isso, sou autora de vários livros infantis e adultos, e Ph.D. em *Coaching* Internacional, formada pela FCU, nos USA.

O meu propósito é ajudar pessoas a serem exatamente o que nasceram para ser.

A minha descoberta foi sozinha. Acredite! Como você pode conhecer um pouquinho da minha história que contei em outro capítulo, eu estava justamente em um momento de transição na minha carreira profissional e empresarial, a qual envolvia muitos fatores na minha vida pessoal. Completamente perdida, procurando muitas respostas, cheia de indagações, falava com Deus e perguntava a Ele por que, para que, como, que sentido, entre outras questões. Já estava com 38 anos e não queria errar, precisava acertar.

Ao meditar sobre todos esses assuntos que você está tendo a oportunidade de ler neste livro, decidi escrever para você, me posicionei da seguinte forma: não vou apenas perguntar, e sim me comprometo a encontrar essas respostas para a minha vida.

Diante da minha fé e intimidade com Deus, questionei-o com o meu coração entregue e verdadeiro, não pensando somente em mim e sim em milhares de pessoas que sempre ajudei por meio de todos os trabalhos que fiz ao longo da minha jornada de desenvolvimento humano. Se eu me ajudasse, sabia que poderia ajudar outras pessoas.

Eu só sabia de uma coisa, que não poderia parar.

Em um determinado momento de muitas reflexões, no meu silêncio e sozinha, estava em meu escritório, o mesmo que estou escrevendo parte deste conteúdo a você, e senti Deus trazer em mim memórias das diversas histórias da minha vida, desde a infância até a fase adulta:

- ▶ Minha mãe e meu pai não esperavam a minha vinda. Vim no susto, de repente ela estava grávida. Sou mesmo campeã.
- ▶ Meu pai gostaria que eu fosse um menino por já terem uma menina, minha irmã. Sentia que eu era do sexo errado.
- ▶ Sempre houve muita comparação entre mim e minha irmã pela sua beleza, por isso me sentia inferior.
- ▶ Estudei a vida inteira em escola pública e tive um enorme trauma na primeira série, a história conto no curso *(Re)significar*. A partir daí, me sentia burra, com baixa autoestima, uma sensação de inadequação, entre outros sentimentos negativos que me acompanharam por aproximadamente 25 anos da minha vida.

CAPÍTULO 7 - VIVENDO O PROPÓSITO NA PRÁTICA

- ▶ Vivi num lar onde a minha mãe, dentro das suas possibilidades, me ensinava princípios, valores e uma vida com Deus.
- ▶ Meu pai trabalhava muito e tinha uma personalidade muito forte.
- ▶ Achava que a minha irmã era mais querida. Ela achava que eu era a mais querida. Portanto, éramos concorrentes. Só viemos a ser amigas de verdade ao ficarmos moças.
- ▶ Fui criada em um berço cristão e sempre tive muitas experiências com Deus.
- ▶ Repeti a terceira série numa fase que minha mãe tentou trabalhar fora de casa.
- ▶ Sempre fui muito dedicada aos estudos. Porém, não conseguia participar ativamente com meus pensamentos e ideias por complexos de inferioridade e timidez.
- ▶ Era muito nervosa, brava, dominante, sem controle das minhas emoções. A família, ao me comparar com algumas pessoas, me deixava muito irritada.
- ▶ Em relação a cursos de graduação, a cada um que fazia, achava que não teria possibilidade de fazer o próximo por limitações financeiras. Por esse motivo, as formaturas eram mesmo motivo de celebração. Saí de uma escola pública, fiz na época o chamado Magistério, faculdade de Administração de Empresas e Negócios, esperei sete anos para fazer o MBA dos meus sonhos, que era Logística Empresarial pela FGV, fiz uma especialização em Ohio University, nessa época já tinha ido longe demais nos estudos diante das minhas crenças. Depois, fiz mestrado em *Coaching* na FCU (Florida Christian University), nos USA, e não parei; concluí o meu Doutorado em *Coaching* também na FCU, em 2018.
- ▶ Trabalhei muito com o foco de ganhar muito dinheiro, pois era assim que acreditava ser aceita pelo meu pai.

PROPÓSITO OU MISSÃO? EIS A QUESTÃO

- ▶ Comecei a trabalhar com 15 anos de idade e pagar as minhas contas, inclusive a minha faculdade, sozinha.
- ▶ Sempre fui uma profissional exemplar, com bom caráter, leal e com um senso de justiça muito forte.
- ▶ Tive um marido que me apoiou muito no meu desenvolvimento pessoal e profissional. Sempre disse que ele era o meu *Coach* e Mentor particular.
- ▶ Descobri que era estéril em 2010 e tive que fazer um processo muito grande comigo mesma para entender porque meu corpo rejeitava ter filhos. Houve um processo de perdão comigo, com os meus pais e reestruturação para que desse certo.
- ▶ Fui uma empresária de muito sucesso, como pude comprovar na história que já contei em outro capítulo.
- ▶ Passei por um longo processo de muita cura interna ao trabalhar o desenvolvimento da minha inteligência emocional com técnicas de *coaching* e autoanálise. Muita busca de conhecimento no hemisfério da minha inteligência intelectual; precisava de respostas e comprovações, portanto a leitura de muitos livros e diversos cursos foram essenciais. E o fundamental foi trabalhar minha inteligência espiritual, que me fez ir muito além do que poderia imaginar.
- ▶ Engravidei dos meus gêmeos, que era o grande sonho da minha vida.

Após fazer todas essas avaliações, comecei a perceber o que eu fiz na minha vida para vencer e mudar a minha história. Descobri que o fundamental foi ter me encontrado. Ter feito uma conexão comigo mesma. Ter me descoberto e me revelado. Ter enxergado verdadeiramente quem eu sou. Ter visto o valor que eu tenho, o quanto a minha vida é preciosa. Isso fez toda a diferença.

CAPÍTULO 7 - VIVENDO O PROPÓSITO NA PRÁTICA

Tudo o que tinha vivido em algumas décadas fez me perder. Ao me perder, tudo parecia que não funcionava adequadamente, uma sensação de que sempre me faltava algo, por mais que eu fizesse de tudo, não era suficiente. Quero deixar claro: não era a falta de Deus, porque eu tinha Deus e Ele estava em mim, eu sabia disso, mas eu não estava em mim, o que me faltava era eu comigo mesma.

Todas as minhas histórias de vida me desviaram de mim mesma. Entendo hoje que foram artimanhas espirituais para que me desconectasse de quem eu era, e, assim, perdesse a força que existia dentro de mim, dada por Deus, para fazer diferença neste mundo. Eu não era a burra que me falaram na escola e que me fez esconder por muitos anos, essa foi apenas uma capa espiritual lançada para me cegar e me fazer perder. Deus é especialista em transformar maldição em bênção e o jogo virou quando consegui destruir essa mentira em mim. No que parecia ser apenas uma questão emocional, entendi que tinha uma estratégia espiritual por trás.

Ao analisar o que eu tinha feito por mim, percebi que Deus tinha me direcionado ao longo dos anos para que isso acontecesse comigo, me fez perceber que, inconscientemente, eu fazia o mesmo por todas as pessoas que passavam por mim. Procurava ajudar no trabalho, entre os amigos, os meus familiares, fazia com meus filhos, com meu marido, sempre mostrando quem eles eram, o valor que tinham e que jamais poderiam deixar se enganar.

Foi aí que, verdadeiramente, entendi o meu propósito de vida. Eu nasci para ajudar as pessoas a serem o que nasceram para ser. E completo agora, serem exatamente o que nasceram para ser diante daquilo que Deus colocou para cada uma delas neste mundo.

A partir daí, redirecionei em mais alguns detalhes o meu caminho profissional e hoje ajudo milhares de pessoas, onde quer que estejam, por meio de diversas missões estratégicas que Deus vai me dando.

Esse é o meu propósito. É revelador, é transformador, é libertador.

▷▷▷

PROPÓSITO OU MISSÃO? EIS A QUESTÃO

A história que você vai ler agora não é de alguém que descobriu o propósito de vida, mas é de alguém que vai conhecer o seu propósito de vida.

Faço questão de compartilhar desde já parte das experiências que viveram para que você entenda que existe um fundamento para todas as coisas.

Esta história é dos meus filhos Enzo e Valentina, o casal de gêmeos presenteado por Deus a mim e ao meu marido, Fabio Meirelles.

A partir de 2010, quando perdi o nosso bebê de quatro meses em uma gestação tubária, à qual quase não sobrevivi, pois foram tirados dois litros de sangue espalhados dentro do meu organismo, decidi que não questionaria o porquê, e sim confiaria em Deus, por saber que existia um sentido para aquilo que estava acontecendo na minha vida e na vida do meu marido. Passei a dizer que um dia entenderíamos para que Deus estava nos deixando passar por aquela experiência.

Hoje sei que eu não estava curada em minhas emoções. Dizia que queria ser mãe, da minha boca saíam essas palavras, mas tinham fatores emocionais dentro de mim que não geravam essa certeza.

Ao fazer diversos exames, foi descoberto que a única trompa que me restava era totalmente obstruída e que não poderia ter filhos naturalmente. Sabia que o meu organismo só estava reagindo diante do que transitava nas minhas emoções. Sabia que tinha algum fundamento e era preciso ser revelado para me curar acima de tudo.

Começamos um processo de muita oração para que Deus nos desse os nossos filhos. Estou dizendo filhos, porque a nossa fé era tão grande que dizíamos ter a certeza de que Deus nos enviaria um casal de gêmeos, perceba que o nosso pedido era específico. Muitas pessoas oravam por nós nesse sentido: amigos, familiares, alunos dos nossos cursos, irmãos de igrejas, congregações etc. Pessoas de perto e de longe, do Brasil e de outros países oravam pelo milagre em nossas vidas.

Usamos uma técnica que aprendemos. Eu e Fábio pegamos uma foto de um casal de gêmeos e colocamos em nosso celular, todas as vezes que tínhamos que usar os nossos aparelhos lá estavam as imagens dos filhos que teríamos. Ficamos anos vendo as imagens.

CAPÍTULO 7 - VIVENDO O PROPÓSITO NA PRÁTICA

Entregamos diante de Deus e pedimos um milagre.

Em 2013, eu e Fabio fizemos 10 anos de aniversário de casamento e decidimos fazer uma segunda lua de mel, um cruzeiro pela Europa que saía de Veneza, passava pela Croácia, Grécia e Turquia. Todos que oravam por nós profetizavam que teríamos os nossos filhos nessa viagem. Também acreditávamos que era possível. Muitas pessoas intercederam por nós enquanto estávamos lá.

Conhecemos um casal de quem nos tornamos amigos até hoje, Marcos e Gezaine. Ao fazermos os passeios juntos, fomos para um local chamado casa de Maria, na cidade de Izmir, na Turquia, e ali, algo impressionante aconteceu.

Segundo a história, após seu filho Jesus ser crucificado e ter ressuscitado, Maria foi se refugiar nessa pequena casa na Turquia. Ao chegar a esse local turístico, senti algo muito especial. Era arborizado, com som de águas correntes e uma sensação de muita paz, um ambiente muito diferente, espiritualmente falando.

Seguimos em uma enorme fila para entrar na casinha de dois cômodos, feita de pedra para olhar onde Maria esteve. A fila era indiana e contínua. Porém, assim que nos aproximamos, a porta da casa se fechou, apareceu uma mulher de túnica azul e parou em frente à porta fechada. Essa mulher sorria de uma forma tão linda que dava para sentir que não era apenas uma pessoa feliz, e sim um sorriso de alegria que vinha da alma.

Eu, ao olhar para a mulher, sentia algo muito forte e especial da parte de Deus. De repente, ela saiu de frente da porta, veio em minha direção, me deu um abraço forte que envolveu todo o meu corpo de uma maneira como nunca tinha recebido antes. Foi de fato uma experiência que eu nunca tinha vivido, tive a sensação do meu corpo estar sendo anestesiado. Ficamos por muito tempo abraçadas a ponto do meu marido conseguir pegar a gigante máquina fotográfica que havíamos levado e tirar a foto para você comprovar na sequência.

Ao terminar de me abraçar, a mulher me soltou, saiu em silêncio, foi embora e a porta da casa se abriu. Pessoas na fila, ao ver o que estava acontecendo, choravam e nós não estávamos entendendo nada.

PROPÓSITO OU MISSÃO? EIS A QUESTÃO

Nos autorizaram a entrar na casa. Seguíamos por um cômodo e saíamos por outro. Quando saímos do outro lado, chorei como uma criança. Sempre que sinto a presença do Espírito Santo, é assim que reajo.

Depois disso, ninguém comentou nada. Passamos o dia conhecendo outros lugares históricos e voltamos para o navio. Combinamos com o casal de amigos para jantarmos juntos e nos encontrarmos na sala do piano.

Enquanto estávamos esperando o nosso horário do jantar, Marcos, que é uma pessoa calada, fez o primeiro comentário:

— Que coisa incrível aconteceu hoje, hein?

— Pois é — respondi.

Na sequência, ele apontou o dedo em minha direção e disse:

— Para mim, foi uma resposta de Deus dizendo para você, toma que filho é teu.

Naquele momento, tudo começou a fazer sentido em minha mente. Estávamos num lugar referente a uma mulher especial da Bíblia que tinha vivido um milagre na sua gestação. Além do mais, Marcos e Gezaine não conheciam a nossa história, não falamos nada sobre filhos para eles.

Ali foi uma confirmação de Deus que nos daria nossos filhos. Acreditamos e confiamos.

Voltamos da viagem e não engravidei, mas não perdemos a nossa fé e esperança, sabíamos que Deus nos daria nossos filhos e era promessa,

CAPÍTULO 7 - VIVENDO O PROPÓSITO NA PRÁTICA

no tempo certo eles viriam. Continuamos orando e colocamos um prazo, se Deus não nos desse de forma natural até 2014, começaríamos um tratamento, pois sabemos que Ele tem diversas formas de agir, e faríamos também a nossa parte no processo.

Buscamos um médico, um dos melhores do Brasil, e começamos um tratamento. Fizemos a nossa primeira inseminação e, para a nossa surpresa, não engravidei. Perdi os embriões no meu útero. Foi um processo de muita internalização. Me recordo que, ao sair do médico, estava sozinha no carro, no trajeto entre uma cidade a outra chorei como uma criança e fiz a oração de Ana, que está escrita na Bíblia no livro 1 Samuel 1 (convido você para buscar conhecer essa história). Orei de todo o meu coração.

Depois disso, fui me consultar, me autoavaliar e entender o que poderia estar acontecendo dentro de mim que impediu que desse certo aquela inseminação. Percebi que precisava alinhar muitas coisas para que, no momento que os nossos filhos viessem, eu estivesse com tudo em ordem. Ajustei coisas na empresa, nas finanças, no casamento, resolvi coisas com Deus, comigo mesma e, por fim, fui ter uma conversa sincera com a minha mãe, pois estava me preparando para fazer a segunda inseminação e não poderia deixar que nada, absolutamente nada, impedisse.

Nessa conversa com a minha mãe, pedi a franqueza da parte dela para me falar se existiu algum tipo de rejeição ao ficar grávida de mim e se por ventura eu, como num processo de repetição de padrão inconscientemente, não estava fazendo o mesmo com meus filhos. Foi uma conversa muito bonita e sincera de ambas as partes. Ela me falou coisas lindas que nunca tínhamos tido oportunidade antes. Juntas oramos, nos perdoamos sobre quaisquer coisas que impediam a minha gestação, recebi a bênção da maternidade por ela, a bênção das próximas gerações. Saí desse encontro tendo a certeza de que nada mais me impedia de ser mãe e ter meus filhos, estava tudo em ordem, tudo no seu devido lugar.

Fomos fazer a segunda inseminação, só que dessa vez estava com o meu coração completamente em paz. Tinha certeza de que eles viriam. Me recordo de ver na TV o médico introduzindo os dois embriões e eu dizendo: sejam bem-vindos, eu os recebo, eu já os amo e estou preparada para cuidar de vocês. Foi lindo e envolvido com muito amor.

Passaram-se alguns dias e fizemos o primeiro exame que deu positivo com uma taxa altíssima, conversei com meu médico e ele disse que teríamos grande chance de ter gêmeos. Pediu para que eu repetisse o exame depois de dois dias e, se desse o dobro, provavelmente eram gêmeos. Fiz novamente o exame e deu mais do que o dobro, então sabíamos que Deus estava respondendo nossas orações. Com sete semanas, fizemos o primeiro ultrassom e lá estavam dois embriões e foi uma tremenda festa, restava saber se era um menino e uma menina.

Com 12 semanas, fizemos um exame especial que conseguiria detectar o sexo. E, ao colocar o instrumento na minha barriga, o médico nos perguntou: querem saber o sexo? Foi quando meu marido disse: nós já sabemos. E o médico disse: o que são? E Fábio respondeu: é um menino e uma menina. O médico começou a rir e falou: não é que você acertou, é um menino e uma menina. Que máquina é essa que você consultou, melhor que a minha que chegou tem um mês do Japão? Foi então que Fábio mostrou o nosso celular e disse: está aqui, há anos nós visualizamos e vemos o nosso casal de gêmeos.

Foi muita alegria e muita celebração. Deus foi e é fiel!

Tive uma gestação muito saudável. Com uma enorme barriga de gêmeos, dei cursos de quatro a cinco dias em pé até 35 semanas e eles nasceram com 37 semanas, em novembro de 2015. Foi tudo muito abençoado por Deus.

Sabemos que a vida do Enzo e da Valentina é muito preciosa para Deus e Ele tem um propósito muito especial para eles aqui na terra. Eu e Fábio temos a incumbência de educá-los da maneira de Deus para que sejam muito usados.

Nós não sabemos qual é o propósito deles aqui neste mundo, porém, sabemos que Deus sabe e, no momento certo, revelará aos nossos filhos.

Uma coisa nós sabemos, que Deus sabe de todas as coisas, Enzo e Valentina não vieram por um acaso, foi promessa e resposta de Deus em nossas vidas, um dos maiores presentes que Deus poderia nos dar. Hoje vivemos o

CAPÍTULO 7 - VIVENDO O PROPÓSITO NA PRÁTICA

que diz em Salmos 127: 3: "Os filhos são heranças do Senhor, uma recompensa que ele dá". Só temos que agradecer essa graça em nossas vidas.

Que essa história sirva como exemplo de alguma forma para a sua vida.

▷▷▷

Recebendo esses conhecimentos, o que aprende para sua vida e qual o compromisso que gera dentro de você a partir de agora?

CAPÍTULO 8

HISTÓRIAS COM PROPÓSITO

CAPÍTULO 8 - HISTÓRIAS COM PROPÓSITO

A partir de agora, vamos conhecer histórias que inspiram, pessoas que encontraram o seu propósito de existir e como foi essa descoberta, o porquê da certeza e o quanto mudou as suas vidas saber exatamente porque estão neste mundo.

Eu sou a Deborah. Sou viúva desde 2016. Hoje posso afirmar que, depois de uma perda tão terrível e trágica, consegui resgatar a minha identidade e descobrir o meu propósito de vida. Eu sou aquela mulher da história que a Dra. Michele Lopes contou que perdeu o esposo em um acidente de avião.

Primeiro, quero trazer o entendimento que tive a respeito do propósito. Eu descobri que o propósito não precisa ser algo grandioso no sentido material. Descobri que o propósito pode ser algo muito simples e que me gera muito prazer em vivê-lo. Descobri que posso fazer, mesmo que não ganhe nada financeiramente.

A descoberta do meu propósito foi algum tempo depois do falecimento do meu marido. Eu tive muita busca e ajuda com o apoio da minha família e de profissionais muito qualificados, inclusive foi a minha irmã, que é psicóloga, Tatiana, que me indicou a Dra. Michele Lopes. Foi assim que cheguei até os métodos utilizados pela doutora, porque eu precisava saber quem eu era realmente.

Depois de 20 anos casada, tinha me misturado muito com meu marido. Para ter uma ideia, eu não sabia mais se o que eu gostava de comer era o que eu realmente gostava mesmo de comer, ou se era ele quem gostava de comer. Coisas até mesmo que pareciam ser simples por fazermos juntos.

Para que entenda porque isso acontecia comigo, vou explicar melhor. Vim de uma família na qual fui criada para ser cuidadora, doadora, submissa. Então, sempre abri mão de tudo, inclusive de mim, das minhas vontades, para agradar meu marido. Eu o amava. Após ele falecer, havia me perdido.

Foi nesse momento e desse jeito que cheguei até a Dra. Michele Lopes; fiz o curso *(Re)significar* e fizemos o trabalho de *coaching* individual juntas. Todo esse processo foi muito bom, foi o que me ajudou a me encontrar e a encontrar o meu propósito de vida.

PROPÓSITO OU MISSÃO? EIS A QUESTÃO

Quando descobri o meu propósito, percebi que era algo tão simples que me surpreendi. Foi por meio da dor que tive, da tragédia terrível que passei, que entendi o meu sentido de existir.

O meu propósito é conduzir mulheres que se encontram desestruturadas em algum sentido da vida a se superarem diante dos seus desafios.

Eu sentia prazer em ajudar outras mulheres em vários sentidos, como: dar um ombro, um colo, uma palavra de conforto, de ânimo e de esperança, uma ajuda, seja na estrutura emocional, material ou espiritual. Sempre com o objetivo direcionado a algumas mulheres que estivessem passando por algo semelhante a mim ou alguma dificuldade na vida que, por algum motivo, não tivessem o suporte suficiente como eu tive.

Com tudo isso, o que mais mudou na minha vida foi que hoje tenho a paz de saber o meu propósito; onde eu estiver, em qualquer lugar do mundo, posso exercer o meu propósito. Não dependo de nada nem de ninguém para vivê-lo, depende exclusivamente de mim mesma colocá-lo em ação.

▷▷▷

Eu sou Adilson Arroyo, nasci em 1967, sou empresário, casado com a Andreia desde 1995, a mulher da minha vida, além de ter um filho e dois irmãos.

O meu propósito de vida é proteger as pessoas.

Descobri o meu propósito no curso *(Re)significar*, em dezembro de 2019. Esse curso ocorreu uma semana depois de ter havido uma discussão entre mim e meu irmão, a ponto de quase chegarmos a uma agressão física. Ele é uma pessoa que sempre amei, idolatrei e o coloquei em cima de um pedestal. Por isso estava muito chateado, sem motivação para participar de um curso como esse. Não queria fazer achando que seria apenas mais um curso que não faria diferença nenhuma em minha vida,

CAPÍTULO 8 - HISTÓRIAS COM PROPÓSITO

apenas seria perda de tempo. Porém, para agradar minha esposa, eu fui.

No início do curso, me perguntava: o que estou fazendo aqui? O que eu vim fazer nesse curso? Como nada é por acaso, foi providência divina, era exatamente esse curso que precisava em minha vida.

Com o passar das atividades, fui percebendo que tinha algo a mais e que o nome *(Re)significar* não era em vão, tinha algo por trás que descobriria. Aos poucos fui participando, me permitindo, não estava fácil, mas consegui me soltar. No terceiro dia, fizemos uma atividade para descobrir o nosso propósito. Esse foi mais um dos grandes momentos que vivi ali dentro e que quero compartilhar.

Para deixar claro, eu misturava a missão com o propósito, eu acreditava que, com as muitas coisas que fazia, estava cumprindo algo especial. Entendi que missão é uma coisa e propósito é outra e foi um grande peso que saiu de mim. Mas, até então, meu propósito não estava claro. Com o decorrer das atividades, voltei o meu filme e percebi que tudo o que eu fazia desde a minha infância com o meu pai, a minha mãe, os meus irmãos, também nas escolas, nada mais era do que o meu propósito de proteger as pessoas. Esse momento foi marcante e fez tanto sentido que fiquei aliviado e pude ter o prazer de compartilhar com as pessoas que estavam comigo.

A certeza sobre o meu propósito de vida é tão grande que vou explicar o porquê. Somos três irmãos e eu sou o do meio. Meu pai era pião de fábrica e minha mãe era do lar e, por força divina, eu sou o maior de todos, com 1 metro e 85 centímetros de altura. Desde criança, dentro da minha família, sempre procurei proteger a todos sem fazer diferença, sem me preocupar mais com um ou outro, protegia igualmente a todos.

Percebi que, com o passar do tempo, continuava protegendo as pessoas, sem me preocupar quem elas eram. Na escola, protegia os meus amigos, professores, as tias que cuidavam da gente. Mesmo nas ruas, com as pessoas que eu nem conhecia, fazia o mesmo. Precisava de uma proteção, lá estava o Adilson. Durante toda a minha vida foi acontecendo assim até hoje.

Para ter uma ideia, se vejo um acidente, paro o meu veículo e lá estou para proteger a pessoa; se vejo uma criança no parquinho correndo algum tipo de risco, mesmo não a conhecendo, estou lá procurando proteger. Essa prática ficou forte na minha vida, fazia parte do meu dia a dia, porém, vinha de dentro de mim de forma automática. Eu agia; depois pensava.

Hoje, tenho certeza de que era Deus, e é Deus falando dentro de mim. Olha ali, aquela pessoa está precisando de proteção, eu sentia, vai lá. Eu só fui perceber que era a voz de Deus depois que descobri o meu propósito dentro do *(Re)significar*, era Deus que estava falando o tempo todo comigo só que eu não dava importância às palavras porque parecia ser algo natural do meu dia a dia.

Depois que descobri o meu propósito, percebo que Deus fala comigo o tempo todo. Passei a agir de forma mais tranquila, prestando atenção em pequenos detalhes. Essa descoberta de que Deus fala comigo me deixa mais em paz e encaro a vida com mais naturalidade, fazendo com que eu cumpra o meu propósito de forma mais gostosa e prazerosa. Passei a conviver com mais paz comigo mesmo, a encarar a vida de forma mais leve, tirando um fardo das minhas costas.

Quero compartilhar mais uma coisa especial. Descobri e entendi que sou corpo, alma e espírito, e esses três pilares têm que estar equilibrados em minha vida para que eu consiga verdadeiramente cumprir o meu propósito. Quando fui concebido por Deus, Ele me deu um propósito especial, assinei um contrato com Ele e me comprometi a fazer tudo o que estava lá.

Agradeço muito a Deus por ter me dado a oportunidade de ter descoberto o meu propósito de vida de forma tão clara. Hoje consigo viver mais leve e tranquilo, aceitando e entendendo a vida da forma como ela é, agradecendo todos os momentos que deram certo e os que deram errado, pois entendo que, se algo deu errado, é porque tinha que aprender

CAPÍTULO 8 – HISTÓRIAS COM PROPÓSITO

alguma coisa e só dessa forma vou conseguir realizar o meu propósito de proteger as pessoas.

▷▷▷

Eu sou Andreia Arroyo, nascida em 1969, professora, casada com o Adilson do depoimento que você leu anteriormente.

O meu propósito é acolher as pessoas.

Descobri o meu propósito no curso *(Re)significar*, em 2019. Eu já tinha feito a minha inscrição em 2018 e, por uma série de motivos pessoais e profissionais, remarquei por duas vezes e creio que acabei fazendo no tempo certo. Nesse período, fiz a inscrição do meu marido, que estava precisando muito, por uma série de fatores profissionais.

Foi muito interessante o processo. Quando fiz a minha inscrição, estava pensando em quanto aprenderia, de maneira mais egoísta, focada exclusivamente em mim. Mas diante de tudo o que aconteceu ao longo do ano, precisei mudar a rota e fazer a inscrição dele, foi importante porque eu fiz o curso não só por mim, e sim por ele também. Eu precisava, porém, ele precisava tanto quanto, ou até mais que eu.

Nós precisávamos de um processo de ressignificação, nos encontrarmos conosco. Pelo meu muito insistir, mesmo indo contra a vontade, ele concordou que faria o curso com uma condição: que, se não se sentisse bem e que se o curso não estivesse atingindo as suas expectativas como outros que já tínhamos feito, iria embora. Porém, o curso foi excepcional e durante todo o processo eu estava envolvida, muito preocupada que ele conseguisse ficar e tirar todas as barreiras da frente que o impediam de participar. Meu desejo era que conseguisse absorver e receber toda aquela energia, as ferramentas e o processo para assim agir nele e na vida dele.

No primeiro dia, ele estava reticente e fechado. Com o passar das horas e dos dias, até a aparência dele mudou. Queria que ele ficasse porque estava confortável em participar do curso e não por obrigação. Foi maravilhoso, porque, no terceiro dia, ele descobriu o seu propósito de viver. Foi nesse momento que me dei conta que já estava vivendo o meu propósito de acolher as pessoas, eu já estava praticando desde o momento em que fiz a inscrição dele para participar do curso.

Tenho a certeza de que meu propósito é acolher as pessoas porque sempre fiz isso, mas não tinha a consciência de que esse era o meu propósito. Na minha vida toda, desde bem novinha, sempre fui uma espécie de ímã para as pessoas, sempre muito sensível e observadora, muitas vezes, sem as pessoas me dizerem absolutamente nada, só pelo fato de eu sentir a energia delas, já estava ao lado ouvindo-as, chamando-as para um café, fazendo um bolo e batendo um papo, dando colo, fazendo cafuné, sempre escutando o que precisavam dizer, dando as mãos, como uma alavanca para seguirem em frente, fazendo perguntas para que pudessem chegar às próprias descobertas gerando força. Sempre procurei engrandecer as características das pessoas, por muitas vezes ouvi por parte de algumas que sempre tive uma lente cor-de-rosa, mas não é isso, eu sempre acreditei que cada pessoa é única e especial, e cada uma tem uma grandiosa essência e só precisa de um pouquinho de luz para perceber o quão importantes e especiais elas são.

Eu entendo porque as pessoas me chamam de porto seguro, de colo, de ouvido, de mão, de abraço. Na verdade, eu sempre vivi o meu propósito. Até mesmo a minha escolha profissional não foi em vão, eu sou professora e já atuei com crianças, jovens, adultos, porque sempre acolhi e dei apoio dando estímulos e motivação. A prática do propósito está na minha vida, só que eu nunca tinha tido consciência e foi no *(Re)significar*, num momento muito importante, que descobri o meu sentido de existir.

A clareza do propósito na minha vida refletiu de maneira intensa no sentido da compreensão e do entendimento de que nada na vida é por acaso, por conta de tudo que relatei até agora e o que fazia antes e faço hoje, o que diferencia é a consciência do que faço e porque faço diante do meu propósito.

CAPÍTULO 8 - HISTÓRIAS COM PROPÓSITO

Estabeleceu em mim uma conexão com o divino, o qual eu estava distante por diversos motivos. Hoje, entendo que sou o que sou, que faço o que faço, que pratico o que pratico com amorosidade, empatia e gentileza porque tem um Deus muito grande que vive em mim e que tem uma jornada linda preparada para seguir a trilha que Ele me mostra no meu dia a dia.

▷▷▷

Eu sou Noemi Lopes, nascida em São Paulo. Descobri o meu propósito com 27 anos, sou filha do Zezinho e da Mafalda. A descoberta do meu propósito foi muito incrível, porque nem sabia que ele existia; sabia que a vida tinha um sentido, mas nunca associei a um propósito. Foi muito forte saber que nascemos com ele e se torna latente quando ficamos próximos.

Em busca do meu autoconhecimento, fiz o curso *(Re)significar* e, no último dia, após trabalhar profundamente a minha vida nos dois primeiros dias, descobri o meu propósito. Foi muito legal fazer o *link* das informações e ver que tudo estava muito atrelado aos fatos que vivi, assim como também aos sentimentos que sempre tive, por isso entendi que as minhas emoções ficavam mais evidentes em alguns momentos específicos e que aquelas emoções boas tinham um nome, que era o meu sentido de existir; e mais, que eu deveria, sim, alimentá-las e vivê-las.

No último dia do curso, ao preencher as ferramentas para a descoberta do meu propósito, identifiquei que as respostas já estavam ali. Foi como andar de olhos fechados dentro de um paraíso; você sente que é gostoso, mas não consegue ver porque não olhou para aquilo da maneira como deveria. Quando descobri, disse: "Meu Deus, então é isso, ele sempre esteve aqui. Ele estava comigo em momentos muito ruins, de muita dor e tristeza, em momentos de desespero emocional, por isso ele é importante para mim". Quando eu descobri, foi maravilhoso, e os exercícios no curso *(Re)significar* fizeram toda diferença para que eu conseguisse encontrá-lo. Foi, de fato, muito lindo!

E quero compartilhar com você que o meu propósito é iluminar as pessoas para que possam se sentir percebidas e amadas. O mais interessante não foi só descobrir, mas sim saber que o meu propósito sempre esteve dentro de mim, porém, estava adormecido. Eu tenho certeza de que esse é o meu sentido de viver, e hoje eu sei qual é o meu lugar no mundo, devido a minha história de vida. Eu sou uma pessoa que gosta muito de conversar, comunicativa e sempre tive muito prazer em alegrar os outros, fazendo-os sorrir. Quando percebia que as pessoas se sentiam bem perto de mim, até mesmo por fazer um bolo e ter uma boa conversa, identifiquei que eu usava essas características como atributos para iluminá-las. Ao fazer isso, estava levando-as não apenas a acharem algo engraçado, mas também a se sentirem bem, e isso me dava mais ânimo de vida. Eu tinha prazer em mostrar para as pessoas que elas também tinham uma luz assim como eu tenho.

Desde muito nova, sempre fui brincalhona. Quando chegava a algum lugar como, por exemplo, na igreja ou na família, imitava algumas pessoas, principalmente meu pai, porque ele é pastor; em casa, todo mundo ria. Eu achava aquilo muito divertido e as pessoas gostavam porque mudava o ambiente e o deixava agradável. Isso foi crescendo com o passar do tempo. Mas tem um detalhe importante que é preciso evidenciar: como não tinha noção e era impossibilitada por falta de autoconhecimento, usava essas características mais por carência e não pelo motivo certo. No curso, percebi que essas características são minhas para o meu autocuidado e o meu amor-próprio e, por meio desse olhar comigo, posso transbordar na vida de outras pessoas. Entendi que todos os meus atributos e qualidades não eram para suprir a carência de ninguém, mas para me amar ainda mais.

Depois que encontrei o meu propósito, passei a ter outra percepção sobre a vida. Foi uma porta aberta para eu descobrir também o meu

CAPÍTULO 8 - HISTÓRIAS COM PROPÓSITO

caminho. Mesmo diante dos desafios, paro e olho para mim; antes, eu olhava só para os outros. Isso me ajuda a ter vontade e anseio para cuidar de mim, porque detectei que, no passado, o meu maior problema e causador da dor era eu mesma.

Depois do processo do *(Re)significar*, a minha vida mudou totalmente, e vejo que sempre estou em crescimento e amadurecimento. Hoje, aprendo com os meus erros e, mesmo que esteja no casulo fazendo uma autoanálise, o meu propósito me ajuda a sair de maneira mais rápida e forte.

E agora, após cinco anos que fiz o *(Re)significar*, está até hoje reverberando dentro de mim, porque sei que existe um motivo maior para eu estar aqui.

▷▷▷

Eu me chamo Thiago Costa Rizzo, nasci no dia 23 de setembro de 2000. Atualmente, sou formado em Pedagogia, com uma pós-graduação em Libras, e estou terminando minha segunda graduação em Letras (Português/Inglês). Tenho cinco irmãos, sou filho do primeiro casamento dos meus pais, cristão e moro com a minha família.

Quando eu estava prestes a completar meus 18 anos, senti que minha vida estava virando de cabeça para baixo; algo novo estava prestes a começar e isso me assustava. Não me sentia preparado o suficiente para encarar as mudanças que teria que viver. Como nada é por acaso, ganhei de presente de 18 anos o curso *(Re)significar*, e depois o processo de *coaching* individual com a Dra. Michele Lopes.

No curso, aprendi sobre o propósito de vida. E o fato de saber que eu não estava neste mundo por acaso me trouxe uma paz tão grande que é impossível de ser explicada. Porém, muitas coisas precisavam se resolver e ressignificar dentro de mim (como de fato aconteceu, quando aproveitei ao máximo esse curso), então acabei não conseguindo ter nitidamente naquele momento qual era o meu propósito. Meses depois, dei início ao meu processo de *coaching* individual com a Dra. Michele Lopes, o qual foi o ponto crucial para entender meu propósito. Sempre senti um prazer imenso em ouvir e ajudar as pessoas, mostrar que não estavam sozinhas apenas com palavras, mas gestos e até mesmo um simples olhar. Todos os meus amigos me viam como "aquele a quem procurar quando tudo estava difícil", ou como muitas vezes aconteceu, "o amigo que não deixaria ninguém desistir".

Fazia muito isso com pessoas próximas e até mesmo com pessoas desconhecidas. Sempre estavam no seguinte cenário: se sentindo sozinhas e precisando serem ouvidas. Houve até mesmo casos de jovens que pensavam em suicídio. O interessante é que Deus sempre preparava a hora e o lugar para esses encontros, eu as ouvia, encontrava as palavras certas que trariam novamente esperança, comunicando também sobre o amor de Deus por aquela vida.

A pergunta que pode ficar aqui é: se sempre senti muita paz e realização por ter esse bom ato, por que não descobri mais cedo qual era o meu propósito? Somente com a evolução pessoal que tive nesta caminhada pelo curso, e de forma mais profunda no processo individual, que foram se resolvendo coisas que antes não me permitiam enxergar.

Foi então que percebi que fazia esse bem para todos, menos para mim; e se eu mesmo não me ajudava, como isso seria o meu propósito? Meu olhar sempre foi para os outros, me esquecia de mim. Ajudava, ouvia, demonstrava compaixão e solidariedade por todos, menos comigo mesmo.

A partir do momento em que passei a me amar e me ouvir, houve superação, transformação e passei a encontrar soluções para meus problemas e minhas crises. Foi muito forte entender que, em primeiro lugar, deveria fazer para Deus, depois para mim e para os outros.

CAPÍTULO 8 - HISTÓRIAS COM PROPÓSITO

Hoje tenho a certeza de que o meu propósito é ajudar e trazer esperança às pessoas que se sentem só, em momentos difíceis, mostrando-as que são amadas por Deus.

Sei disso porque sempre realizei, e com o processo do autoconhecimento, voltando meus olhos para mim, para minha história e sobre os meus dons e talentos, percebi que tudo se voltava para o meu propósito.

E o que mais mudou em minha vida foi o direcionamento da minha carreira. Nessa época do curso, eu estava fazendo Publicidade e Propaganda, algo que não tinha nada a ver com o meu propósito. Foi aí que passei a me ouvir e seguir o que queria, e não o que os outros queriam para mim.

Eu gosto muito de lidar com pessoas, então passei a buscar profissões que pudesse fazer isso. Descobri a Psicologia e a Pedagogia. Analisando minha história, detectei que eu já tinha experiências com crianças, então poderia seguir por esse caminho.

Entendo que ser professor não é só passar conteúdo, mas sim ajudar a criança em todos os sentidos da vida, como trazer esperança, desenvolvimento para evitar passar por tantos traumas, ser uma referência positiva, apoiar nos momentos de dificuldade em casa. Desde então, tenho atuado na área da pedagogia e realizado meu propósito de vida. Escolhi também minha pós-graduação em Libras, pois quero ajudar crianças e adolescentes não ouvintes. Infelizmente, no Brasil, são poucos os profissionais da área capacitados em Libras. Continuo ajudando os meus amigos, minha família, principalmente as crianças, mas agora, de forma melhor após a descoberta do meu propósito.

O propósito de vida me trouxe esperança. Nunca mais pensei em desistir de tudo e das coisas que me importavam, pois sei que tenho um sentido de existir. Sei que Deus tem algo reservado para mim, e que não me colocou à toa neste mundo. Sei que as pessoas precisam de mim, mas, principalmente, eu preciso de mim.

PROPÓSITO OU MISSÃO? EIS A QUESTÃO

▷▷▷

Eu sou Cassandra Costa Pacces, nascida em 1979, mãe do Lucas, do Thiago, cujo o depoimento você pode ler aqui, da Alice e do Arthur, esposa do Leandro, além de ser mentora em vendas e ministrar cursos online para mulheres.

O meu propósito é ajudar mulheres a extrair o melhor de si. Transformar em uma frase o nosso propósito não é tão simples quanto parece, ele representa a essência da minha história, moldada por minhas experiências de dores, alegrias, derrotas e vitórias.

Quando aprendi mais sobre qual era o meu propósito, descobri que, durante a minha jornada, eu já estava cumprindo-o, mesmo sem ter consciência de que isso estava acontecendo.

A compreensão e descoberta do meu propósito começaram no curso *(Re)significar*, quando entendi que Deus não nos fez por acaso; na verdade, sempre senti de forma muito intuitiva e emocional por meio da minha fé em Deus, mas nunca atribuí razão e compreensão a explicações racionais para tudo isso. No *(Re)significar*, a Dra. Michele Lopes trouxe pontos que conectou minhas emoções e a fé com a minha razão, e tudo começou a fazer mais sentido. Depois do *(Re)significar*, veio o desejo de evoluir ainda mais, levando-me a tomar a decisão de iniciar um processo de *coaching* individual com a Dra. Michele Lopes. Essa foi uma das melhores escolhas que tomei na vida; ter confiado na pessoa e profissional Michele Lopes foi um divisor de águas e trouxe transformações significativas para mim, para minha família e para as pessoas que convivem comigo. Até então, eu nunca havia compartilhado minha intimidade com um profissional. Costumava desabafar com meu marido e confiar minhas angústias a Deus, acreditando que ninguém poderia oferecer respostas para minhas dúvidas ou compreender os acontecimentos do meu passado, que haviam deixado marcas profundas em minha essência.

CAPÍTULO 8 - HISTÓRIAS COM PROPÓSITO

Nesse processo, mergulhamos dentro de mim, do meu eu, da minha história, do meu passado, do meu presente e da minha visão de futuro.

Ao refletir sobre alguns traumas da minha história pessoal e associá-los à pessoa que me tornei, pude enxergar o cuidado de Deus e a maneira como Ele moldou e mudou a minha história. Existe um plano divino que nos molda naquilo que fomos destinados a ser. Deus tem um propósito para cada evento de nossa vida, embora muitas vezes nos afastemos desse plano, Deus permanece no controle, ajustando o curso de nossas vidas, agindo como um GPS. Ele está sempre presente, guiando-nos em direção ao nosso destino.

O momento em que tive a certeza do meu propósito foi quando, finalmente, traçamos uma ligação entre toda a minha história, incluindo os momentos positivos e desafiadores. Nesse processo, pude identificar meus pontos fortes e minhas características singulares.

Ter a clareza da nossa identidade nos dá clareza do nosso propósito.

Outro ponto essencial que aprendi nesse processo de descobertas, algo que pode fazer toda a diferença para você, é a seguinte afirmação: "Podem tirar a sua missão, mas não podem tirar o seu propósito". Ouvi essa frase da Michele, e foi por meio dela que repensei o rumo da minha vida profissional.

Durante 12 anos, vesti e suei a camisa de uma empresa que eu amava trabalhar. Nunca imaginei como seria minha vida se eu decidisse deixá-la.

Naquele lugar, vivi intensamente o meu propósito e fui bem recompensada por isso.

No entanto, comecei a sentir desconforto diante de situações que entravam em conflito com meus valores. Perguntas como "o que farei se sair daqui?" eram acompanhadas pelo medo de ter que trabalhar com algo que eu não amava.

Quando essa frase chegou a mim, eu estava pronta para compreender que aquela empresa não era o meu propósito, mas sim a minha missão. Em outras palavras, por aquela organização, eu exercia o meu propósito.

PROPÓSITO OU MISSÃO? EIS A QUESTÃO

O que aconteceu em seguida? Eu redefini minha missão e, assim, continuei a cumprir meu propósito.

Ter confiança em relação à sua identidade e ao motivo pelo qual veio ao mundo evita que você perca seu tempo com futilidades. Deixei de me preocupar com opiniões que não acrescentam e aprendi a fazer escolhas mais assertivas.

Essa mudança de perspectiva trouxe uma sensação de liberdade e bem-estar que, até então, eu não conhecia. Descobri que a verdadeira realização está em alinhar minhas ações com meu propósito, e não em buscar a aprovação de outros ou em seguir um caminho que não combina com minha essência.

Desejo que cada um de vocês possam brilhar plenamente, manifestando todo o potencial que possuem e iluminando o mundo ao seu redor. Que vocês continuem a explorar ainda mais os conteúdos valiosos da Dra. Michele, que tem sido uma luz guia para muitos de nós.

Aproveito para encerrar, expressando minha eterna gratidão à Dra. Michele, por ser esse instrumento poderoso nas mãos de Deus e pelo convite para compartilhar um pouco da minha jornada e experiência de vida com todos vocês.

▷▷▷

Meu nome é Soraya Benito, tenho 50 anos, sou empresária, *master coach*, mentora, casada e tenho dois filhos, sou cristã, amo viver, amo minha família e Deus acima de tudo, pois sei que Ele sempre cuida de mim e da minha família. Quando eu fiz a formação de *life coaching* com a Dra. Michele Lopes, sabia que encontraria algo diferente, porque já havia feito uma formação em *coaching* por outra instituição e entendia que, na prática, me faltava alguma coisa ainda, que era o que eu estava buscando, mais ligado à questão da inteligência espiritual. As outras

CAPÍTULO 8 - HISTÓRIAS COM PROPÓSITO

inteligências, como intelectual e emocional, estavam muito claras para mim, mas a inteligência espiritual era algo que me faltava, até porque já tinha feito tantos cursos, e foram muitos aprendizados nos últimos anos. Sentia uma lacuna que precisava ser preenchida ao trabalhar a vida das pessoas e os negócios. Essa resposta eu não encontrava em nenhum outro curso. Na formação de *life coaching*, além de estar entendendo a questão da inteligência espiritual, tanto nas questões pessoais como também empresariais, porque essa compreensão espiritual no mundo dos negócios me interessava e fazia muito sentido, percebi que sempre busquei incessantemente por uma resposta que desse alguma direção para o caminho certo a seguir, aprender e me desenvolver. No curso, ouvi algo que mudou a minha maneira de pensar sobre propósito: porque estou aqui, porque Deus me deu essa vida, ninguém está aqui à toa, e se tem um porquê, eu queria entender o meu propósito. Com toda trajetória profissional que tive em grandes empresas, não queria chegar ao final da minha vida e me questionar: o que eu fiz? O que valeu a pena? Que legado eu deixei? E não ter a resposta desejada.

Enfim, queria saber qual é o meu propósito e o quanto faria sentido para tudo o que eu vinha buscando todos esses anos. Terminei o curso, fiz os exercícios, tive muita clareza em relação à mim e à minha vida. Acredito que todos os cursos que faço, mesmos que sejam profissionalizantes, começo aplicando em mim. Não totalmente satisfeita, porque queria mais, e agora gostaria de algo específico para a minha vida; que não apenas que me ensinasse técnicas para aplicar com as pessoas, e sim para trabalhar a minha vida. Foi então que decidi fazer o *coaching* individual com a Dra. Michele Lopes, pois precisava me enxergar. Por sentir que ela era uma pessoa muito próxima a Deus, sabia que poderia me ajudar. No processo, dentre tantas ferramentas que ela usava nas sessões, chegamos a um momento em que utilizou uma técnica para descobrir o meu propósito, e confesso que foi muito forte, foi de tirar o fôlego, porque fomos buscar no profundo da minha alma; era como se Deus estivesse mostrando o caminho e me dizendo: filha é aqui. E tudo ficou claro como se um anjo viesse ao meu encontro e tirasse as vendas dos meus olhos, entendi qual era o meu propósito. Como fiquei feliz em saber que muitas das coisas que eu já fazia tinham ligação direta com esse propósito. De alguma maneira, sem saber e, inconscientemente falando, eu o estava cumprindo, mas sem clareza. Depois que descobri e soube qual era o meu sentido de existir e o que Deus esperava de mim, foi maravilhoso. O ápice foi saber que Deus tem um propósito para todos nós e um propósito especial para este mundo, e agora sei que precisamos contribuir, cumprindo o nosso propósito para que o propósito maior de Deus seja completo. Isso é algo que faz um sentido absurdo para mim. Gerou em mim a responsabilidade em cumprir todas as coisas com excelência. Um dos maiores benefícios é que passei a ter a direção correta para a minha vida, fazendo com que as áreas familiar, profissional, espiritual e social estivessem ligadas a esse propósito, como pequenas missões. Algo que mudou totalmente a minha história. O meu propósito é agir no compromisso de ocorrer uma mudança no *mindset* das pessoas para um mundo melhor dentro do propósito de Deus. Isso é algo que definitivamente mudou a minha vida e me trouxe muita paz, porque a inquietação que tinha por não saber o porquê das coisas foi cessada. A partir do momento que entendi que tudo faz sentido e que todas as minhas ações estão totalmente ligadas ao meu propósito, penso nele primeiro, pois faz parte de algo muito maior. Agradeço muito à Dra. Michele Lopes por ser uma pessoa ligada a Deus e trazer conhecimento e revelação para muitas pessoas, seja dentro dos cursos, como no *coaching* individual, que é realmente algo maravilhoso, e agora, por meio deste livro.

▷▷▷

CAPÍTULO 8 - HISTÓRIAS COM PROPÓSITO

Eu sou Raphael Lopes de Souza, nascido em 1982, moro em Santo André-SP, sou professor de educação física, casado há 18 anos e tenho dois filhos.

Tudo, absolutamente tudo, o que existe possui um propósito. Eu acredito que a principal questão da vida não é buscar ser feliz, e sim, encontrar o seu propósito. No propósito, encontramos a satisfação e a felicidade.

A descoberta do meu propósito foi extremamente marcante, porque a minha vida era sem sentido, as peças pareciam não se encaixar, não havia muita lógica no trajeto que eu estava vivendo, as coisas eram muito distantes. Confesso que sempre me questionei muito sobre isso, eu vinha dentro de um processo buscando entender o sentido das coisas há muito tempo. Eu li vários livros, fui a palestras e encontros, ministrações das mais diversas que possam imaginar, certamente mais de 1000 palestras filosóficas, religiosas, científicas e nada daquilo fazia sentido. Cheguei a ponto de ler um livro que tratava sobre propósito, era muito bom, mas ainda assim nada fazia sentido. Chegou a um determinado momento da leitura em que o autor dizia que, se você não conseguisse chegar a um propósito, poderia se dar um propósito. Eu também tentei isso e nada daquilo era orgânico e vinha de dentro, nada fluía e era muito estranho. Era assim que eu me sentia, um estranho no ninho.

O processo de descoberta aconteceu numa fase desesperadora da minha vida. Nós estávamos em meio à greve dos caminhoneiros, em maio de 2018. Eu tinha uma empresa e funcionários para pagar, com muita dificuldade, sem clientes, nada fluía, nada dava certo. Foi quando eu e minha esposa participamos do curso *(Re)significar*, o qual mudou a nossa história.

Para que entenda melhor, nesse momento tão desesperador, eu fazia o que não queria fazer, fazia o que não nasci para fazer e vivia uma vida que não queria viver, assim a situação só piorava, inclusive afetando a minha saúde, pois fui somatizando tudo isso. Eu e a minha esposa tivemos essa graça de viver essa experiência, fazer a imersão do curso *(Re)significar* e saímos de lá transformados, foi muito emocionante e impactante. Depois de 35 anos de idade, a minha vida passou a fazer sentido. E para a minha esposa, Marcela, também foi assim.

Eu tenho muita certeza sobre o meu propósito, porque, desde a minha concepção, sempre me deparei com problemas de saúde. Minha mãe teve uma gestação bem desafiadora. Logo que nasci, o médico, com a tecnologia daquela época, me tirou na barriga da minha mãe com oito meses e isso me gerou vários problemas de saúde. Minha vó dizia que tinha pegado um rato no colo e não uma criança por ter nascido tão mirradinho. Com 15 anos, me deparei com uma crise convulsiva constante e passei a tomar remédios, por isso sofria muito bullying na escola e com outras crianças, era tudo muito louco para mim. Foram anos vivendo dessa maneira.

Nesse período, também havia tido uma experiência com o evangelho, conheci Jesus. Houve um conflito porque o médico que me tratava me proibiu de ir à igreja, dizendo que o som alto poderia desencadear crises convulsivas, achei tudo muito estranho. Eu não podia nadar, brincar ou andar na rua sozinho, não podia dirigir para não colocar a minha vida e a de outras pessoas em perigo.

Nesse período do *(Re)significar*, tinha tido duas crises de maneira consecutivas e, quando voltava, vinham as muitas dores, os machucados a tratar e um medo absurdo das sequelas, porque existia sempre esse risco. O medo era minuto a minuto, porque não sabia o que poderia acontecer comigo. Eu tenho consequências no meu corpo até hoje por isso.

Na fase que fui para o *(Re)significar*, estava muito pressionado por tudo. Eu tinha que dar certo e pessoas dependiam de mim. E na construção, a cada momento do curso, fui recebendo peças que foram se encaixando. Quando chegou no dia da descoberta do propósito, foi realmente muito impactante, porque tudo passou a fazer sentido. Para se ter uma ideia, o momento era tão angustiante que minha esposa e eu havíamos abandonado o nosso ministério, nossa vida parecia um quebra-cabeça com as peças desencaixadas. Quando entendemos o nosso propósito e

CAPÍTULO 8 - HISTÓRIAS COM PROPÓSITO

tivemos consciência, tudo se encaixou, tudo de fato tinha um porquê e nós percebemos; foi lindo, foi forte, foi emocionante e, absolutamente, tudo mudou em nossas vidas.

A vida se tornou mais simples a partir do momento que tive consciência do propósito. Perceba que não disse que a vida se tornou mais fácil, disse que vida se tornou mais simples. Com a clareza, pude fazer as escolhas corretas, tomar decisões de forma mais simples. Optar, decidir por algo que, realmente, tinha a ver comigo.

Acredite, tudo o que é proposto para mim passou a ser visto baseado no meu propósito, me dá a convicção do que tem ou não a ver comigo. Passei a recusar o que não fazia sentido com o meu sentido de existir. Para propostas aparentemente maravilhosas, ficou mais simples dizer não, porque não tinham nada a ver comigo e, por fim, passei a ser mais feliz diante das minhas escolhas. Aquele vazio se desfez. Eu sei a minha identidade, ou seja, quem eu sou e por que estou aqui. Antes, nada fluía mesmo com um esforço tão grande para fazer acontecer. Quando fazia acontecer, o empenho versus os resultados não valiam a pena.

Retornamos ao nosso ministério e as coisas voltaram a fluir. Nós tínhamos mudado de cidade e a casa estava sem móveis por conta da empresa. Nesse período, decidimos fechar a empresa, porém, diante do cenário econômico em que nos encontrávamos, contraímos muitas dívidas. E com a descoberta do propósito, passamos a fazer as melhores escolhas, e foi extraordinário, porque o que não fiz na casa em três anos, fiz em quatro meses. Nós mobiliamos e reformamos a casa e pagamos todas as nossas contas. Volto a dizer que mudou absolutamente tudo.

E é claro, você deve estar se perguntando: qual é o propósito desse cara?

Eu vou te dizer: o meu propósito é ser canal de cura para a vida das pessoas.

E assim tem sido pela misericórdia de Deus e pelo propósito d'Ele na minha vida. Eu tenho um dom da oração e intercessão, pessoas têm sido curadas das enfermidades físicas por meio do que Deus tem feito pela graça d'Ele que existe em mim, isso já acontecia há anos. Eu ia em hospitais, orava pelos enfermos e eram curados. Esse é o meu propósito: ser canal de cura para a vida das pessoas pela minha intercessão. E tenho certeza, porque considero que todos nós temos um alto-falante que se esconde atrás do nosso ego e fala com a gente por uma intervenção divina. E falou comigo.

E pode ser que esteja se questionando: e as convulsões, o que aconteceu?

Eu te digo: desde que descobri o meu propósito, o propósito que Deus tem para mim, nunca mais tive nenhuma crise convulsiva. Isso já tem cinco anos.

Entendi que por meio das nossas feridas, muitos são curados.

▷▷▷

Meu nome é Priscilla Capelatto, me formei em Comunicação Social e as oportunidades na época da minha formação me levaram a trabalhar na área de Comunicação Interna de Recursos Humanos em uma multinacional americana.

Ao estar no ambiente de RH, a vida já estava me direcionando para o meu propósito desde o começo, mas só fui ter clareza dessa visão tempos depois, com a maturidade.

No início, meus líderes foram me encaminhando mais do que as minhas próprias escolhas, e hoje posso dizer que essas pessoas foram tutoras importantes, que me ajudaram na base da minha carreira.

Passei por várias funções e responsabilidades na área de RH: no estágio, escrevia conteúdo de desenvolvimento para novos funcionários; depois, fui agregando atribuições em treinamentos, recrutamento, cultura e desenvolvimento organizacional, até me tornar generalista e gestora de RH. Foram experiências muito ricas de aprendizado e entregas significativas nessa trajetória.

CAPÍTULO 8 - HISTÓRIAS COM PROPÓSITO

Certo dia, numa fase em que estava viajando a trabalho com bastante frequência para outros países, defini com meu líder que eu queria ter uma experiência internacional mais intensa, vivendo fora do Brasil. Nessa época, fazia um processo de *coaching* individual com a

Dra. Michele Lopes e esse objetivo ficou mais evidente. Dois anos depois, a tão esperada oportunidade apareceu e fui morar na Alemanha. Lá eu tive a responsabilidade de recrutar pessoas para trabalhar nas unidades da empresa em vários países da Europa.

Apesar de ter realizado um sonho profissional, não me sentia realizada. Sentia que faltava alguma coisa importante, e o dia a dia no trabalho estava "pesado". Na época, liguei para a Michele e contei o que estava passando. Entre muitas reflexões com ela, e depois comigo mesma, decidi voltar para o Brasil.

Foi muito desafiador tomar essa decisão, porque abri mão de um sonho que tanto quis realizar, mas quando o vivi, não fez sentido. Naquele momento, eu não sabia explicar o porquê. A princípio, o meu plano era de viver três anos no exterior e, apenas cinco meses depois, decidi voltar para o Brasil, sem nenhuma perspectiva de trabalho, pois conviver com aquele incômodo não me fazia bem.

Eu me apeguei a uma possibilidade que me influenciou a voltar mais rápido ao Brasil e fazer o curso *(Re)significar*, em agosto de 2018.

Naqueles dias, vivi reflexões profundas, que me levaram a reviver experiências marcantes de várias fases da minha vida. Eu me emocionei bastante e tive muitas descobertas. Uma delas me fez pensar em mudar de profissão, mas ponderei bastante e, na continuidade de aprendizados de um processo terapêutico iniciado em 2017, fui em busca de sanar a vontade de me sentir feliz de novo com o que eu já sabia fazer: atuar com desenvolvimento de pessoas.

Como autônoma, fui aos poucos retomando trabalhos que se conectavam com esses temas. Percebi que tinham a ver com o meu propósito, ao notar que as portas profissionais que se abriam para mim estavam totalmente relacionadas a atividades de desenvolvimento humano.

PROPÓSITO OU MISSÃO? EIS A QUESTÃO

Em 2019, fiz um trabalho voluntário dando aulas de empreendedorismo, colaborando com uma iniciativa da minha igreja, o que me trouxe grande satisfação em realizar. Além disso, conquistei um projeto grande para uma consultoria para a qual prestava serviços, orientando profissionais em transição de carreira.

Além de me sentir muito feliz orientando-os individualmente, foi gratificante vê-los conquistando novos empregos, mesmo no meio da crise causada pela pandemia de 2020. Foram dezenas de casos de sucesso com esse trabalho. Os resultados reforçavam que eu estava no caminho certo profissional novamente.

Refletindo sobre isso, posso dizer que a descoberta do meu propósito foi uma jornada. Aconteceu pela soma dos processos de autoconhecimento profundos, que foram ferramentas fundamentais para eu chegar aonde cheguei.

Durante a pandemia de 2020, me questionei como poderia ajudar mais pessoas com o que sabia fazer. Decidi transformar o conteúdo dos meus atendimentos num formato mais acessível e digital, para que outras pessoas pudessem aprender e se desenvolver para o mercado de trabalho.

Assim, além dos atendimentos individuais de *coaching* de carreira e assessoria para processos seletivos, criei uma plataforma com conteúdo de desenvolvimento humano, com informações, inspirações e cursos que contribuem com o aprendizado e aprimoramento pessoal e profissional.

O meu propósito?

Gerar mudanças nas pessoas e inspirá-las para que se sintam realizadas no trabalho e na vida, a partir do aprendizado e do aprimoramento contínuo.

Fazendo o que faço hoje, sinto-me realizada, e ajudo muitas pessoas a se realizarem também.

Esse sentimento de realização é a evidência de que meu trabalho usa os meus dons e se conecta com o meu propósito.

Fazer um trabalho conectado com um propósito deu um novo sentido à minha vida. Eu me sinto contribuindo para algo muito maior do

CAPÍTULO 8 - HISTÓRIAS COM PROPÓSITO

que o simples desempenhar de uma função. Hoje faço uma análise da minha trajetória profissional e concluo que muitas experiências que tive no passado serviram como uma verdadeira preparação para o que vivo e faço hoje. Os desafios que enfrentei me fortaleceram e me prepararam para estar onde estou.

Para muitas pessoas, o trabalho é um meio de pagar as contas do mês. Para mim, é pura bênção e é o que me traz realização todos os dias.

▷▷▷

Meu nome é Kárdina Matos, sou baiana de Vitória da Conquista e sergipana de coração. Fiz o curso no dia 29 de agosto de 2019 e, depois dele, a minha vida nunca mais foi a mesma.

O meu propósito de vida é levar as pessoas a encontrarem o seu amor-próprio. Eu fui para o curso de formação *Life Coaching* e tive a oportunidade de fazer uma sessão ao vivo com a Dra. Michele Lopes, que foi transformadora e impactante, principalmente em relação ao meu amor-próprio e ao autoconhecimento. Durante o curso, fomos conduzidos ao assunto do propósito. Confesso que fui com uma queixa muito grande dentro de mim, achando que propósito e missão eram as mesmas coisas e que, inclusive, missão era mais relevante do que propósito. Nesse curso, entendi que podem até tirar a minha missão, mas jamais o meu propósito, e que são diferentes. Eu saí de lá com o objetivo de entender 100% qual era o meu propósito.

Quando fiz o curso *(Re)significar*, me clareou. A cada exercício que eu fazia, ia reforçando e percebendo o que vim fazer neste mundo, ou seja, impactar as vidas das pessoas. Descobri por toda a minha trajetória de restauração. Eu sou muito comunicativa e as pessoas acabam tendo uma conexão muito grande comigo e passam a desabafar. Elas me contam coisas tão íntimas e particulares que fico surpresa. Eu sou conselheira dos meus amigos, psicóloga e *coach*, sou uma "resolvedora de problemas" e trago muitas respostas. Por fim, quando entendi qual era o meu lugar no mundo, percebi que é no coração das pessoas. Tenho facilidade de entrar no coração delas e abraçá-las.

Quando cheguei à conclusão do meu propósito, que é levar as pessoas a encontrarem o seu amor-próprio e serem quem elas são, ou seja, levar as pessoas a se conhecerem diante das suas histórias, de tudo o que passaram, e mostrar que nada anula o que Deus as chamou para ser e viver, foi muito forte e impactante. Tem uma frase que a Dra. Michele Lopes fala muito, que diz assim: "A minha respiração é a minha melhor amiga. É a primeira que entra e é a última que vai embora da minha vida". Isso mexeu muito comigo, porque o meu propósito de vida é assim, como a respiração. Eu preciso levar essa oportunidade para as pessoas se amarem e, dessa forma, estarei viva por dentro.

Eu tenho certeza do meu propósito porque, apesar de ser uma resposta literalmente abrangente, é real, esse propósito está dentro de mim, eu o sinto. Eu já fazia isso dentro da igreja, no meu trabalho, com os meus amigos e as conexões que Deus coloca em minha vida, eu já cuidava de pessoas, mas não conseguia entender que era este o meu propósito. Eu já passei por muitos momentos de aconselhar e de ajudar muitas pessoas que sempre vieram até mim e, quando eu descobri no *(Re)significar*, vibrei porque já fazia isso. Foi lindo, abriu os meus olhos para o entendimento. E agora que sei qual é o meu propósito, vivo 100%.

Hoje, eu sou mais intencional em tudo o que faço. Como sou muito conectada com as pessoas, eu as atinjo das mais diversas formas: trabalho com um público jovem pelas redes sociais, trazendo palavras e devocionais, e recebo muitos *feedbacks* surpreendentes, por meio dos serviços sociais em uma ONG, no meu trabalho cotidiano, nos meus atendimentos de *coach*, na igreja e nas demais conexões, tudo de forma intencional, com o propósito de ajudar as pessoas a serem 100% do que elas nasceram para ser. A partir do momento que sei quem eu sou e por que nasci, consigo fazer o mesmo para as vidas das pessoas. Eu sou muito grata à Dra. Michele Lopes por ser essa luz que me ajudou a enxergar dessa forma.

CAPÍTULO 8 – HISTÓRIAS COM PROPÓSITO

▷▷▷

Meu nome é Leila Rodrigues, sou administradora, moro em Aracaju-SE e fiz o curso *(Re)significar* em junho de 2019, no qual descobri o meu propósito.

O meu propósito de vida é ajudar, incentivar e conectar pessoas a alcançarem o maior conhecimento, contribuindo, assim, para um maior desenvolvimento e bem-estar em suas vidas.

Eu sou uma pessoa que ama conhecimento e sei o quanto ele contribui e já contribuiu na minha vida para que passasse por um processo de crescimento e amadurecimento. Com essa sedenta busca por desenvolvimento, entre tantos cursos que já fiz, encontrei no *(Re)significar* o meu propósito de vida. Essa experiência de ter descoberto o meu sentido de existir me fez entender tudo o que já tinha feito na minha vida até hoje em termos de posicionamento. Compreendi o meu histórico, o sentido de ter feito coisas que já tinha me proposto a fazer, as quais não me sentia bem, e me fez entender porque me doava tanto pelas pessoas.

A palavra que posso usar para essa experiência é: incrível. Foi incrível descobrir o meu propósito e enxergar tudo isso de maneira tão estruturada, porque, durante o curso, a Dra. Michele Lopes nos dava caminhos para que conseguíssemos desenvolver em forma de uma frase que fazia total sentido para as nossas vidas. Para mim, foi emocionante e ao mesmo tempo assustador porque percebi que há muito tempo já fazia, porém, não tinha noção da grandiosidade das minhas ações e isso foi muito forte. Agora consigo compreender que posso executar o meu propósito de forma coerente e não fugir dele em minha vida.

Eu tenho certeza de que esse é o meu propósito, devido a todos os meus princípios e valores, aos meus dons e talentos e por ter um histórico que condiz com essa prática. Sempre gostei de me doar ao próximo, de ajudar, amar as pessoas, com muita facilidade em conexão. Como a vida toda tive e tenho muitos amigos, conectava um amigo A com um amigo B, que formavam laços e relacionamentos que geravam redes. Nesse contexto, eu os levava para processos de crescimento e evolução, direcionando-os a fazerem cursos ou seminários que os ajudavam no autoconhecimento, tornando-os pessoas e profissionais melhores.

Por fazer tudo que expliquei, sentia que essa junção de ajudar, incentivar e conectar já estava dentro de mim, era meu, já existia esse desejo aflorado de buscar mais conhecimento e querer avançar mais e com maior compreensão. Então, fazer as pessoas entenderem que precisavam adquirir conhecimento e ter que avançar sempre foi um dos objetivos que tive desde muito jovem. A vida toda sempre gostei de estar em cursos, seminários e conhecer pessoas, isso me dá prazer e me dá satisfação. Gosto de pegar pela mão e conduzir para o conhecimento que vai mudar a vida delas. Faz muito sentido para mim. Tive a visão e a clareza do que acontecia em minha vida.

Por conta de ter passado por inúmeros problemas desde criança, na juventude e agora na fase adulta, precisei buscar ajuda. Sinto o desejo de fazer a mesma coisa pelas pessoas, de mostrar o caminho que contribuiu para as minhas mudanças, levando-as ao que um dia eu recebi. Entendi que, quanto mais conhecimento eu tinha, mais as minhas feridas eram curadas, tratadas e solucionadas para que chegasse ao nível que estou hoje. Sei que ainda posso melhorar mais, pois a vida é uma constante evolução, mas o fato de saber que amo me conectar com pessoas e ajudá-las a se desenvolverem e a irem além me deixa focada no meu propósito e não me permite fugir para ser feliz, com o sentido que me gera vida.

O que mais mudou em mim depois dessa descoberta foi ter compreendido que eu preciso estar aliada às pessoas, preciso ajudar pessoas, isso me faz bem. O meu propósito tem me ajudado a fazer as melhores escolhas, inclusive profissionais. Sei que não posso trabalhar em algo que me sufoque e que não me conecta com pessoas, não adiantará, não vou conseguir me dedicar por muito tempo. Estar no meio de pessoas me

CAPÍTULO 8 - HISTÓRIAS COM PROPÓSITO

dá energia, me faz feliz, aumenta a minha produtividade e perceber que estão crescendo e avançando em conhecimento e encontrando o seu propósito de vida me dá satisfação, que gera alegria e muita paz, porque sei que estou cumprindo algo que Deus colocou na minha vida. E isso foi de uma grandiosidade muito importante.

Com essa clareza do meu propósito de vida, sei que poderei contribuir para um mundo melhor e uma sociedade mais justa e mais humanizada, utilizando aquilo que Deus me deu, os dons e os talentos para me conectar e alavancar essas pessoas para um nível maior de conhecimento

▷▷▷

Ao ler todas essas histórias, o que fica em seu coração? O que percebe sobre você?

Se achar prudente e necessário, sugiro que volte ao capítulo "A grande descoberta" e reanalise todos as ferramentas que você fez. Não existe problema algum em reavaliar. Se é importante para o seu processo, se garanta e dê mais uma chance a si mesmo.

Se inspire em todos os depoimentos que constam neste capítulo. Talvez a história de algumas dessas pessoas possa ter mexido com você, feito compreender melhor sobre o seu propósito de vida. Se assegure ao máximo e espero que chegue melhor à conclusão do seu real sentido de existir.

Se ao ler todas as histórias da descoberta do propósito dessas pessoas, elas fizeram você sentir que está extremamente confiante em relação ao seu propósito, é sinal de que está pronto para seguir adiante. Convido você a viver o seu propósito.

PROPÓSITO OU MISSÃO? EIS A QUESTÃO

Descreva o significado desse aprendizado na sua vida e o compromisso que gera dentro de você.

CAPÍTULO 9
CONCRETIZAÇÃO E EXECUÇÃO DO PROPÓSITO

CAPÍTULO 9 - CONCRETIZAÇÃO E EXECUÇÃO DO PROPÓSITO

Quando falamos que na caminhada da descoberta do propósito era preciso compreender três passos fundamentais existentes para o processo de reconhecimento do propósito e a vivência profunda por um real sentido de existir, tocamos nos seguintes itens:

1. ENTENDER O QUE É PROPÓSITO
2. DESCOBRIR QUAL É O PROPÓSITO
3. VIVER O PROPÓSITO

Ilustração: Freepik

Lembra que comentamos que os três estão interligados e que é preciso respeitar essa ordenação, pois não há possibilidade de descobrir o propósito sem ao menos saber exatamente o que ele é, assim como não tem como viver o propósito sem descobrir qual é esse propósito, portanto, era impossível pular etapas.

Se considere um grande vencedor, pois passou pelos dois primeiros e grandes desafios do processo, você já sabe o que é propósito e descobriu qual é o seu. Vamos agora praticar o propósito em sua vida?

VIVER O PROPÓSITO

Ao encontrar o propósito, muitas pessoas se emocionam, choram, o coração bate forte, ficam chocadas com o poder que existe nessa descoberta. Outras ficam preocupadas com o tamanho da responsabilidade que passam a ter daqui para frente.

Costumo dizer que medo é diferente de temor. O medo paralisa e impede que as pessoas tomem ações importantes e necessárias. Esse processo pode gerar a autossabotagem para não ter que lidar com o que tanto tememem. Essa é a classificação dos covardes que não entenderam ou não quiseram entender que o propósito gera vida e a revelação sobre ele o permite ser livre dos enganos mentais.

Prefira nesse processo ter o temor, pois esse sim não paralisa, mas gera responsabilidade, fazendo com que as pessoas tomem atitudes baseadas em fundamentações, sabendo o para que e aonde chegará. Com o foco no alvo, conduz as suas ações para o bem. Essa é a classificação dos corajosos, dos empoderados que não fogem do seu compromisso com Deus, consigo e com os outros.

Faça dessa forma a sua vida valer a pena vivendo o propósito na íntegra, percebendo que tudo o que faz tem um sentido especial para si.

COMO VIVER O MEU PROPÓSITO?

É muito bonito descobrir o sentido de viver. Saber que a nossa vida não é em vão e que não estamos aqui por um acaso, sendo passageiros do destino. Estamos aqui para uma obra especial. Deus, nosso Pai, criador de todo esse universo, pensou em nós, fomos projetados, calculados e direcionados para fazer diferença neste mundo. Uma vez que sabemos para que vivemos, precisamos executar, como condutores da nossa vida, segurando as rédeas e direcionando mediante ao toque do propósito em nosso coração.

E as perguntas que precisam ser respondidas a partir de então são:

> Como viver o meu propósito?
> Quais missões posso executar para concretizar o meu propósito?
> Quando trocar de missão e continuar a viver o propósito?
> Como ter uma vida contínua com o propósito?

CAPÍTULO 9 - CONCRETIZAÇÃO E EXECUÇÃO DO PROPÓSITO

Até que momento preciso ser fiel ao meu propósito?
Como inspirar pessoas a viverem o seu propósito?
E se por ventura eu me desviar do meu propósito, posso voltar? Como?

Esse é um dos momentos mais sublimes sobre a evolução do propósito, chegamos a um nível de maturidade como seres humanos evoluídos para compreender todas as perguntas, e mais, obter as respostas.

A nossa tratativa agora é gerar em nós as possibilidades da concretização e execução. Vamos fazer a diferença neste mundo?

Como aprendemos em capítulos anteriores, o propósito está no cerne da nossa alma, em nosso coração, é quem nos move a viver e dá o direcionamento sobre todas as coisas: para onde devo ir, o que devo fazer, com quem me relacionar, quais tipos de alimentos comer, qual profissão escolher, onde devo trabalhar, quais obras sociais realizar, onde morar e assim por diante.

O propósito não é possível de pegar, tocar, é intangível, apenas sentimos. O que nos ajuda a concretizar o nosso propósito são as missões, porém, nós não precisamos ficar apegados a elas, pois, como já sabemos, são apenas o caminho para a realização, e não o fim. Lembre-se que podemos ter várias missões ao mesmo tempo, podemos ter missões que terminam e outras que começam. Podemos ter missões que foram nos tiradas, porém sem problemas, pois podemos começar uma nova missão a qualquer momento. Podemos ter missões acontecendo paralelamente em diversas áreas da nossa vida, missões negadas e missões aceitas por nós.

Portanto, nesse momento, está na hora de você decidir quais missões escolherá em cada área da sua vida. Pode ser que apenas dará continuidade por já estar executando devido a sua existência. Outras, provavelmente, terão que desenvolver, por detectar que estavam faltando.

Na sequência, convido você para colocar as missões existentes ou que precisam ser criadas dentro do seu propósito por áreas da vida.

Na lista de missões para concretização do seu propósito, você pode preencher da seguinte forma.

PROPÓSITO OU MISSÃO? EIS A QUESTÃO

Como sugestão, na listagem constam as seguintes áreas da vida: religião, sociedade, profissional, família, amorosa, filhos, amigos e outros. Se perceber a falta de alguma área que é importante para você e outra que não seja, risque o título da área da vida, descartando-a, e anote o que define ser melhor. Inclusive o item, "outros" é justamente para acréscimo de alguma área que perceba ser necessária.

Seguindo pela linha horizontal, cada área tem espaços para colocar até três missões, portanto, preencha os quadros, colocando cada missão em um espaço livre, não necessariamente precisa ser em ordem de prioridade.

Pode acontecer de colocar missões que já existem, não há problema algum, pois nesse momento você deixará claro a si mesmo, elas ficarão de forma mais visível, mostrando quais missões são realmente importantes e necessárias para a concretização do seu propósito, lembrando que um dia poderão não ser mais a sua missão e serem substituídas por novas missões.

É importante nesse momento detectar se precisa desenvolver missões para algumas áreas às quais antes não se atentava. Aproveite a oportunidade e coloque no quadro em branco referente à área da vida. Crie missões que fazem sentido total com o seu propósito.

O objetivo não é te sobrecarregar com missões, cuidado, não queira fazer muitas missões que comprometerão a sua qualidade de vida; mais importante do que a quantidade de missões é o seu propósito, o qual precisa viver em 1º Lugar, para Deus, 2º Lugar, para você e por você, e, somente em 3º Lugar, para os outros serem beneficiados.

Na lista a seguir, há várias áreas para te dar opções e possibilidades. Quanto mais conseguir fazer em todas as áreas, de forma equilibrada, sentirá maior realização.

Aplique agora essa ferramenta em sua vida antes de dar continuidade à leitura.

Como sugestão, coloque uma música agradável, fique em um ambiente confortável, o que proporcionará a oportunidade de definir o que é melhor para si.

CAPÍTULO 9 - CONCRETIZAÇÃO E EXECUÇÃO DO PROPÓSITO

LISTA DE MISSÕES PARA CONCRETIZAÇÃO DO PROPÓSITO

1. Escreva a frase do seu propósito de vida

ÁREA DA VIDA:	MISSÃO 1	MISSÃO 2	MISSÃO 3
Religião:			
Sociedade: (Obras sociais)			
Profissional:			
Família: (pais, irmãos e demais parentes)			
Amorosa:			
Filhos:			
Amigos:			
Outros:			

PROPÓSITO OU MISSÃO? EIS A QUESTÃO

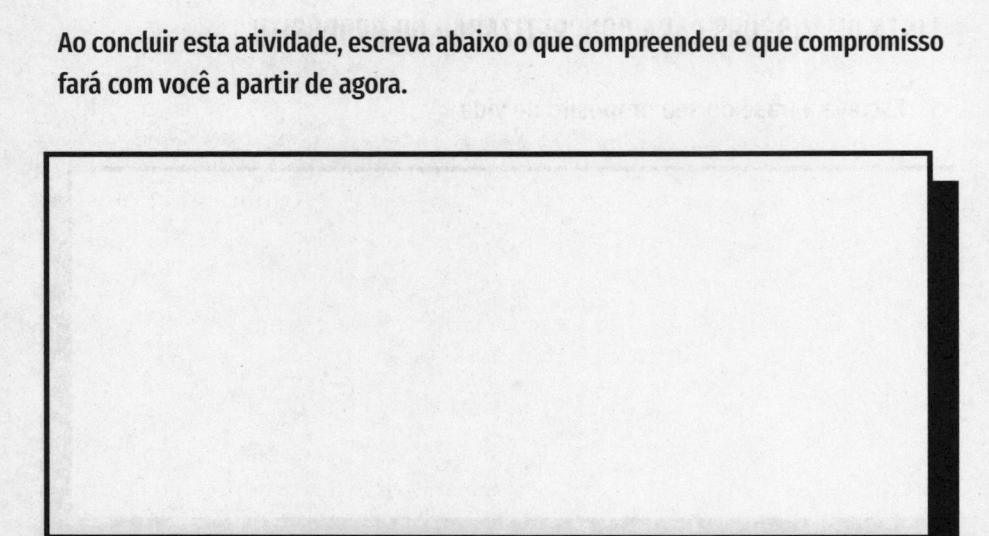

Ao concluir esta atividade, escreva abaixo o que compreendeu e que compromisso fará com você a partir de agora.

Como pode imaginar, este é um livro que deve ser lido e relido de tempos em tempos. Como sugestão, leia novamente a cada seis meses ou no máximo um ano, volte a relembrar todos os tópicos importantes sobre o propósito. Refaça as ferramentas propostas neste capítulo e renove o compromisso com seu propósito.

Lembrando que as missões têm começo, meio e fim. A partir do momento que sentir que não está se conectando mais com uma missão, é sinal de que está sendo concluída e é hora de mudar de missão. O prazo das missões, quem dará é o propósito. Ele te incomodará de tal maneira que sentirá o desejo da mudança e não te deixará em paz até que seja de fato alterado. Caso resista, seja por qualquer motivo, perceberá que começará a colher frutos negativos no corpo, na alma ou no espírito, de forma tangível ou intangível. Esse movimento acontecerá até que seja expelido pelo universo, caso não faça por vontade própria. Preste atenção aos sinais que a vida nos dá.

Veja a história de uma empresária. A vida dela era a empresa que, por um período, cresceu rapidamente. A paixão pelo negócio e por tudo o que proporcionou a ela foi tão gratificante: dinheiro, fama, status, viagens, roupas de marcas, carros, joias, jantares, entre outros, que gerou

CAPÍTULO 9 - CONCRETIZAÇÃO E EXECUÇÃO DO PROPÓSITO

um enorme apego a esse negócio. Em um determinado momento da vida, passou a reavaliar seus valores e a buscar o real sentido de existir.

Uma luta interna passou a dominá-la, pois era como se tivessem duas pessoas dentro dela conversando com ela, o lado do bem e o lado do mal.

O bem dizia: esse negócio não é correto, está prejudicando pessoas, não está de acordo com os princípios cristãos, você já está tendo consequências do passado; se continuar assim, vai piorar.

Por sua vez, o lado do mal querendo a enganar dizia: você não pode parar essa empresa, esse tipo de negócio é a sua solução. Como vai descartar algo que construiu? A sua imagem ficará abalada. Como conseguirá manter todo luxo que vive hoje?

Ela queria a mudança e não queria ao mesmo tempo, havia uma divisão dentro de si. Porém, a vida dava a ela os sinais necessários, que o tempo dessa empresa havia terminado e cada momento forçado pela resistência do apego em fazer a transição do negócio a apertava e junto vinha a sensação de que Deus não estava respondendo às suas orações.

Ao orar, dizia: "Senhor me ajuda!"; na verdade Ele estava ajudando, mas não da forma como ela queria, pois, aos olhos de Deus, não era esse o melhor caminho para ela. E cada vez que o cerco fechava, apertando de tal maneira a ser expelida desse negócio, querendo ela ou não, era o agir de Deus, mesmo que estava doendo para ela, pois a missão atual não havia congruência com o seu propósito.

Isso ocorreu até que não teve mais opção de ficar por conta própria, a mudança aconteceu obrigatoriamente e, quando veio a nova missão, veio a paz, a tranquilidade e o equilíbrio diante de um novo direcionamento e a sensação "por que não fiz isso antes?".

Por esse motivo, é importante ficarmos atentos aos sinais e não nos apegarmos às missões, pois vão passar, são temporárias em nossas vidas, mas o propósito é atemporal enquanto vivermos.

Se vivermos o nosso propósito, ele nos sustentará para darmos continuidade à vida por meio de diversas missões, de forma saudável, harmoniosa e equilibrada, gerando paz.

PROPÓSITO OU MISSÃO? EIS A QUESTÃO

Seguindo a nossa compreensão. Em outro momento, foi apresentado o propósito comparado à respiração para o nosso maior entendimento, trazendo a visão de que, por toda a vida, ambos nos acompanham e nos impulsionam a viver. Nascemos e a primeira coisa que fazemos é respirar e a última coisa que fazemos é dar o último fôlego de vida.

Nesse mesmo sentido da respiração, existe a retroalimentação do propósito e, assim como inspiramos e expiramos, o propósito tem um movimento natural e contínuo para a reciclagem e o fortalecimento estrutural que estimula a fazer, a realizar e a viver de forma prazerosa.

Veja a imagem a seguir.

RETROALIMENTAÇÃO DO PROPÓSITO

INSPIRA

PROPÓSITO

SENTIDO À VIDA

CUMPRIMENTO DA MISSÃO

FORTALECIMENTO DO PROPÓSITO

RECOMPENSA

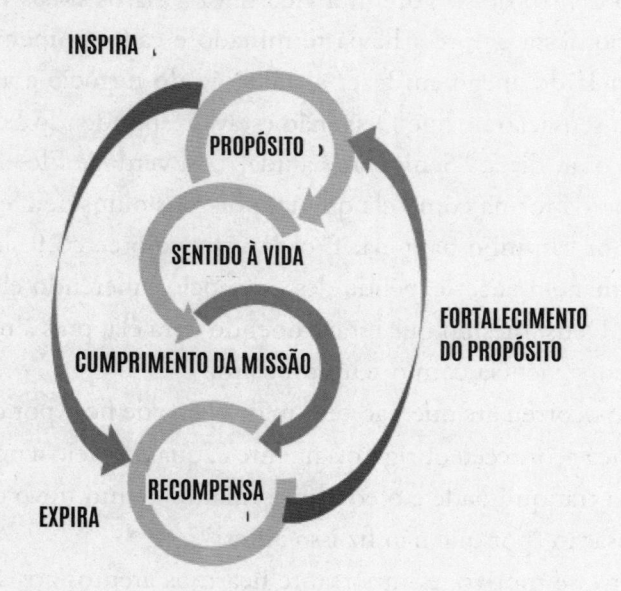

EXPIRA

Uma vez que descobrimos o nosso propósito de existir, ele nos dá sentido à vida, o qual, tendo motivos reais para viver e fazer a diferença neste mundo, passamos a desejar cumprir as muitas missões como forma de concretizar a existência do nosso propósito, ultrapassando etapas e seguindo adiante em uma evolução de conquistas e vitórias a Deus, a nós e aos outros. Portanto,

CAPÍTULO 9 - CONCRETIZAÇÃO E EXECUÇÃO DO PROPÓSITO

em cada missão cumprida, sentimos a satisfação e a realização, ou seja, a recompensa. E cada vez que vemos os resultados serem positivos, existe o fortalecimento do nosso propósito. Como num círculo contínuo, quanto mais detectamos que o cumprimento do propósito está sendo realizado de forma genuína e assertiva pelo caminho apresentado, mais existe o desejo de viver o propósito. E quanto mais nos conectamos com o propósito, mais temos sentido de viver. Assim, cumprimos as missões que geram recompensas que fortalecem o propósito, e a retroalimentação é constante.

Em um dos cursos *(Re)significar*, tivemos a presença de um desenvolvedor de games. Ao ver a figura da retroalimentação do propósito, ele nos disse: esse é exatamente o caminho para se desenvolver um jogo eletrônico. Primeiro, criamos um propósito para o jogo; segundo, damos sentido à vida para que execute o jogo; terceiro, ele tem que cumprir missões para passar de fases; quarto, a cada missão cumprida, existe a recompensa que o motiva de tal maneira a continuar o jogo diante do propósito apresentado e, assim, acontece sucessivamente.

Conclusão, estamos no jogo da vida. Vence quem souber as regras e jogar corretamente. Este livro é um dos manuais para a nossa vida.

Inspiramos o propósito e, ao longo da execução por meio das missões, expiramos no sentido de realizá-las. Ao concretizá-las, nos alimenta com a inspiração da satisfação e, com o "pulmão cheio de ar", temos o que entregar novamente. Esse é o ciclo do propósito, uma retroalimentação para a continuidade da existência com qualidade de vida.

A prática do propósito por meio das missões é fundamental. Por esse motivo, trago aqui mais uma ferramenta que o ajudará a efetivar o propósito em sua vida.

Esta é a tabela de avaliação do propósito. Um guia prático para que não se perca, mantenha o foco e crie hábitos nesse novo estilo de vida.

Seguem as instruções para aplicação.

Primeiro, preencha a tabela com a sua frase do propósito. Deixa-a evidente. Depois, nas colunas onde têm linhas, preencha com as palavras que fazem sentido diante das colocações a serem analisadas. Todas se referem ao seu propósito de vida.

PROPÓSITO OU MISSÃO? EIS A QUESTÃO

Por exemplo: vamos imaginar que o seu propósito de vida seja ajudar pessoas a fazer as melhores escolhas.

A primeira colocação na tabela a ser avaliada é: meu principal dom é _____, eu o pratico.

Na linha, preencha qual é o seu principal dom. Vamos supor que, diante do seu propósito, que é ajudar pessoas a fazer as melhores escolhas, o dom seja "perguntar". Responda na linha com a palavra: perguntar.

Sou muito bom quando faço _____. Preencha diante do propósito de ajudar pessoas a fazer as melhores escolhas. Ao avaliar esse item, pode chegar à conclusão que seja análise. Portanto, ficará da seguinte forma: sou muito bom quando faço análises.

Continue respondendo a todos os itens que têm linha da mesma forma.

Após preencher as linhas necessárias, comece a avaliação da tabela de pontuação.

Sempre olhando na horizontal. Na coluna HOJE, preencha colocando de 0 a 10 como se detecta e se encontra atualmente em cada item. Considerando que 0 é porque não está praticando e 10 é porque está praticando com excelência, mas você pode colocar entre 0 a 10 qualquer número que identificar. Podendo ser 5 ou 3 ou 8, o que achar que seja a sua realidade.

Após pontuar todos os itens na coluna HOJE, faça uma análise de como está praticando atualmente o seu propósito.

Saía da atividade e passe a viver o dia a dia, atuando em todos os itens para que exista o crescimento e a evolução da vivência do propósito.

Após uma semana, vá na coluna 1 e faça novamente a mesma avaliação, colocando as pontuações atuais. Após mais uma semana aplicando a tabela, volte a fazer, na coluna 2, a avaliação atual. Sucessivamente, faça até a quarta semana e, com certeza, verá um resultado extremamente superior às pontuações da coluna "hoje".

Lembrando que o objetivo é que alcance 10 em todos os itens. Quanto mais tiver a pontuação máxima, mais viverá na íntegra o seu propósito de vida.

Caso passe de quatro semanas e não tenha chegado à pontuação máxima, continue até que obtenha o resultado desejado.

CAPÍTULO 9 - CONCRETIZAÇÃO E EXECUÇÃO DO PROPÓSITO

TABELA DE AVALIAÇÃO DO PROPÓSITO						
MEU PROPÓSITO É:		**AVALIAR SEMANALMENTE (PONTUAR A SITUAÇÃO ATUAL DE 0 À 10) CONTINUAR COM O MÉTODO DE AVALIAÇÃO ATÉ QUE A PONTUAÇÃO SE TORNE 10 EM TODOS E, ENTÃO, VIVERÁ O SEU PROPÓSITO.**				
		HOJE	1	2	3	4
Meu principal dom é: _____, eu o pratico						
Sou muito bom quando faço _____						
Se pudesse escolher, realizaria _____ todos os dias. E hoje, estou fazendo?						
O motivo que me faria realizar é _____ Ele é importante?						
Sinto-me estimulado a realizar diariamente						
O que realizo hoje me faz feliz						
Não percebo as horas passarem quando estou realizando _____						
Sou impactado por fazer _____ de forma positiva						
As pessoas são impactadas positivamente pelo que faço						
Sinto que o que faço agrada o coração de Deus						
Tudo é feito com muito amor						
Dou mais de mim e com prazer quando faço _____						
Sigo a ordem de fazer em 1º lugar a Deus, em 2º a mim e em 3º aos outros						
Sou consciente das ações de hoje e do reflexo delas						
Mantenho-me consistente e sentindo bem-estar						
Sinto vontade de viver para continuar a realização de _____						

PROPÓSITO OU MISSÃO? EIS A QUESTÃO

Uma vez que estiver executando o seu propósito, viverá de forma tão satisfatória que acabará automaticamente contagiando muitas pessoas a sua volta com toda a sua alegria, força, vontade de realizar e de fazer acontecer, e mais, o entusiasmo que reflete a imagem de Deus em sua vida acaba transcendendo pelo brilho dos seus olhos, do sorriso que é disparado espontaneamente e do desejo de continuar vivendo por muitos e muitos anos ativamente, produzindo e realizando.

O simples fato de não apenas desejar fazer a diferença neste mundo e deixar um legado para as próximas gerações faz com que tenha uma vida ativa, que não viva voltado apenas em seu pequeno mundo. Com um olhar holístico, consegue perceber que as suas pequenas atitudes reverberam pelo universo como em um efeito borboleta, elas abrem as asas no local onde estão e alteram os ventos e o movimento do universo.

Quem tem propósito se torna luz neste mundo e exemplo a ser seguido no agora. Quando uma pessoa faz, ela instiga, consciente ou inconscientemente, os outros que estão ao seu redor, observando e recebendo o impacto. Somos influenciadores do bem. Pelo fato de falarmos ou somente agirmos, podemos carregar multidões que se estimulam com o nosso jeito de ser.

Se tivermos o propósito no lugar certo, onde de fato ele deva estar, que agora bem sabemos que não são em coisas, pessoas, lugares, objetos, produtos, ações, e sim no cerne da nossa alma, localizado dentro do nosso coração, numa linguagem figurada, pois estamos tratando mediante as nossas emoções, como na linha do infinito, essa força sai dentro do nosso coração, mexe com os nossos pensamentos e forma o nosso entendimento sobre todas as coisas. Seguindo com essa mesma linha do infinito do pensamento, voltamos ao nosso coração, que checa e identifica se está tudo certo e nos conduz a ações significativas, as quais voltam para o nosso próprio coração.

CAPÍTULO 9 - CONCRETIZAÇÃO E EXECUÇÃO DO PROPÓSITO

Veja a imagem a seguir.

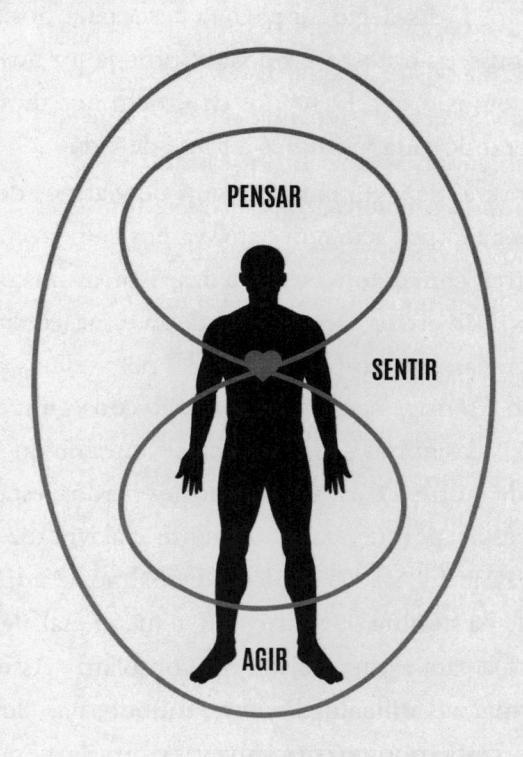

Ao olharmos para a imagem, identificamos que o nosso propósito está em nosso coração. Ele sai do coração e vai para a nossa mente, que gera pensamentos criando as formas e as estratégias para podermos materializá-lo. Da nossa mente, volta para o nosso coração e, assim, analisamos se existe coerência. Do coração, passa para as nossas pernas, que se configuram em movimento e ação; ao fazermos, volta para encher o nosso próprio coração.

Conforme a sabedoria que consta na Bíblia Sagrada, tem um versículo que está em Provérbios 4:23, que diz: "Sobre tudo o que se deve guardar, guarda o teu coração, porque dele procedem as fontes da vida". Sabemos que o propósito gera vida e sentido para a nossa existência. Sabemos também que o nosso propósito vem de Deus. E se o nosso propósito está em nosso coração, Deus deixou a palavra certa para nós. Guardemos o nosso coração, ou seja, o nosso propósito, protejamo-nos não deixando ninguém tirar de nós o que Deus nos deu, nem nós mesmos, para que continuemos gerando vida, porque é a fonte de vida.

E se por ventura, de alguma forma, nos desviarmos do nosso propósito, por qualquer motivo, não tem jeito, vamos colher o fruto das nossas ações incompatíveis com o nosso sentido de existir, assim como está escrito em Gálatas 6:7: "Não erreis: Deus não se deixa escarnecer; porque tudo o que o homem semear, isso também ceifará." É possível nos arrependermos, pedirmos perdão e sermos perdoados, mas não conseguimos nos ausentar das consequências das nossas próprias atitudes, mesmo que passemos pelo vale da sombra da morte, Deus, aquele que nos perdoa, estará conosco nos sustentando a passar, porque, como a própria palavra diz, é apenas uma passagem, vai passar. Confira o versículo de Salmos 23:4: "Ainda que eu andasse pelo vale da sombra da morte, não temerei mal algum, porque tu estás comigo; a tua vara e o teu cajado me consolam". Assim, mesmo que passemos pelas maiores dificuldades deste mundo, não devemos temer o mal, porque Deus está conosco com a sua vara, ou seja, com o instrumento certo para nos corrigir, porque nos ama e não quer nos deixar desviar, e a correção muitas vezes dói, não é prazerosa, mas, sim, necessária. Ele tem o cajado para apontar o caminho que devemos seguir e jamais nos desviarmos novamente dele, caso tenha acontecido. Veja como, ainda em meio aos nossos erros, Deus é misericordioso para não só nos perdoar como também nos ajudar, assim como diz em Salmos 86:5: "Tu és bondoso e perdoador, Senhor, rico em graça para com todos os que te invocam".

Prefira não se desviar do seu propósito, mas, caso aconteça, corra o mais rápido possível de volta para que tenha a vida extraordinária que Deus preparou para os seus.

CAPÍTULO 9 - CONCRETIZAÇÃO E EXECUÇÃO DO PROPÓSITO

Gosto de fazer uma oração, em que digo a Deus: "Senhor, me ajude a ser, em primeiro lugar, canal de bênção sobre a minha própria vida e, assim, ser sobre a vida dos outros". Digo isso porque, muitas vezes, corremos o risco de nós mesmos sermos a nossa pedra de tropeço, gerando consequências desnecessárias. Portanto, que sejamos bênção em primeiro lugar sobre as nossas próprias vidas.

Nesse momento, te convido para fazer um pacto com você, firmando um compromisso com a pessoa mais importante deste mundo: você mesmo.

Se você sabe qual é o seu propósito, agora também sabe por meio de quais missões pode executá-lo, então vamos selar um decreto, fazer uma carta como a ordem de um reinado, em que você pode ser a Rainha ou o Rei que está sentado no trono da sua vida junto ao Pai Celestial e a Jesus Cristo, o Cordeiro Santo. Sentado na sua poltrona a qual lhe é de direito tomando posse da sua vida.

Escreva uma carta de declaração do propósito, fazendo um compromisso em fidelidade consigo mesmo. Esse decreto não deve e não poderá ser revogado.

Crie uma declaração de propósito, de forma clara, que o energize para que se levante todas as manhãs com boa intenção e alegria. As palavras da declaração de propósito devem ser suas, precisam capturar sua essência e ter fixação nas ações diárias. Você deve visualizar o impacto que terá em seu mundo como resultado.

Para compor a carta, pode utilizar formas que facilitam a concretização do seu propósito, como as missões apontando o meio, o caminho para realizar o que está em seu coração.

Sugiro colocar uma música bem agradável, ficar em um ambiente confortável, que consiga se concentrar e se conectar com Deus.

PROPÓSITO OU MISSÃO? EIS A QUESTÃO

CARTA DE DECLARAÇÃO DO PROPÓSITO

CAPÍTULO 9 - CONCRETIZAÇÃO E EXECUÇÃO DO PROPÓSITO

Se você fez a declaração do seu propósito, convido-o para ir à frente de um espelho ao som dessa linda música que escolheu para ler a sua carta. Leve o seu livro com você, olhe no fundo dos seus olhos e leia a carta gerando um compromisso fiel dentro de você, fortalecendo a verdade diante dessa nova história de vida que está preparada para você.

Após terminar a leitura e viver a experiência na prática, escreva o que entendeu sobre esse momento.

Depois de todas as experiências que vivemos juntos neste livro, apenas me resta desejar que sejamos como o Apóstolo Paulo, que disse no fim da sua vida: "Combati o bom combate, acabei a carreira, guardei a fé". (Timóteo 4:7).

Este será o fim do nosso propósito neste plano terreno. Quando estivermos no final da nossa jornada, que esperamos estar bem velhinhos e com cabelos brancos — Deus é quem sabe o tempo certo —, possamos falar como o Apóstolo Paulo disse: combati o bom combate, ou seja, fiz o que tinha que fazer e com responsabilidade, qualidade e excelência nas execuções das minhas missões, portanto mente e coração

PROPÓSITO OU MISSÃO? EIS A QUESTÃO

estão em paz, pois sei que foi dado o melhor de mim. Acabei a carreira, ou seja, sinto que está chegando o meu fim aqui na terra e fui diligente diante do meu propósito. Agora, é guardar a fé, ou seja, que o meu espírito vá em paz, tendo a certeza em fé de que os planos celestiais são maiores do que os vivemos em terra.

Se este livro impactou a sua vida e fez sentido para você, tenho certeza de que poderá ajudar outras pessoas por meio do propósito. Acredito que, ao longo desta leitura, você se lembrou de várias pessoas que precisariam ter esse conhecimento e a experiência que acabou de ter. Então, eu convido você para presentear o livro a todas as pessoas que você conhece ou indicá-lo, para que sejam impactadas, como você também foi.

Juntos, vamos cumprir o nosso propósito, cada um contribuindo da sua maneira.

CARTA AO LEITOR

Caro leitor,
Se você está lendo esta mensagem, de fato é um grande campeão. A sua leitura gerou revelações profundas, que causarão um efeito positivo e poderoso para todo o restante da sua vida e das vidas que você se relacionar e alcançar. Já imaginou isso?

A sua cura dá a oportunidade certa às pessoas que você convive de se curarem. A sua libertação e restauração gera a possibilidade de libertação e restauração aos demais.

Portanto, parabéns! Estou muito orgulhosa por você. Agora, faça a diferença neste mundo, brilhe a luz de Deus e impacte esta geração, começando, obviamente, por você.

Lembre-se, enquanto estivermos vivendo aqui na terra, estaremos em constante evolução. Assim, nunca pare de aprender, de buscar conhecimento, fazer cursos que deem as oportunidades de transformação de dentro para fora; que não sejam apenas motivacionais, e sim transformacionais e gere a vida abundante que Deus tem preparado para você. Chegou um novo tempo para a sua história!

Que alegria ser um instrumento de Deus em sua vida. Acredite que esta obra literária foi apenas uma das minhas missões para cumprir o meu propósito. Mas digo a você, ainda é pouco diante do que eu posso oferecer nessa jornada de crescimento de vida. Diante do que Deus pode fazer por meio de mim, com as técnicas e metodologias que ele me entregou, as quais utilizo em meus diversos cursos para poder realmente ajudar.

Quero lhe dizer que tenho muitas outras missões, nas quais ajudo muitas pessoas, que você precisa conhecer e viver. Dentre elas, destaco uma em especial, um treinamento chamado *(Re)significar*, com uma metodologia inspirada totalmente por Deus e com respaldo científico da neurociência, psicologia positiva, física quântica e inteligência espiritual, baseados em estudos como os da Universidade de Harvard. O treinamento *(Re)significar* trabalha três pontos principais:

▷▷▷ Identidade Emocional: quem eu sou. Considero ser o verdadeiro encontro ou reencontro consigo mesmo.

▷▷▷ Propósito de Vida: se você foi impactado com este livro, não se descreve o que é viver a descoberta do propósito de vida na prática nesse curso. Muitos outros *insights* virão a você ao vivenciar as experiências das pessoas à descoberta do seu propósito de viver. É incrível!

▷▷▷ Inteligência Espiritual: o que a ciência prova sobre a espiritualidade. A sua fé será ampliada ao obter tamanho conhecimento e ao trazer à existência a sua espiritualidade; você conquistará a Inteligência Infinita, ou seja, o uso mais completo dos 3Qs - QI (Inteligência Intelectual), QE (Inteligência Emocional) e o QS (Inteligência Espiritual).

Desse modo, convido você a se inscrever pelo QR code no treinamento *(Re)significar* e também se inscrever e levar as muitas pessoas que você ama e compreende que precisam reescrever as suas histórias para viver um novo tempo.

Espero encontrar você pessoalmente para poder dar um abraço.

Até mais,
Dra. Michele Lopes